만만하게 시작하는
왕초보 중국어회화
| 기초편 |

만만하게 시작하는
왕초보 중국어회화 기초편

2015년 10월 30일 초판 1쇄 발행
2023년 10월 25일 초판 9쇄 발행

지은이 송미경
발행인 손건
편집기획 김상배
마케팅 이언영
디자인 김선옥
제작 최승용
인쇄 선경프린테크

발행처 **LanCom** 랭컴
주소 서울시 영등포구 영신로 34길 19
등록번호 제 312-2006-00060호
전화 02) 2636-0895
팩스 02) 2636-0896
홈페이지 www.lancom.co.kr

ⓒ 송미경 2015
ISBN 978-89-98469-85-6 13720

이 책의 저작권은 저자에게 있습니다. 저자와 출판사의 허락없이
내용의 일부를 인용하거나 발췌하는 것을 금합니다.

기초 단어부터 실생활에 필요한 기본 회화 단숨에 따라잡기

만만하게 시작하는 왕초보 중국어 회화 기초편

송미경 지음

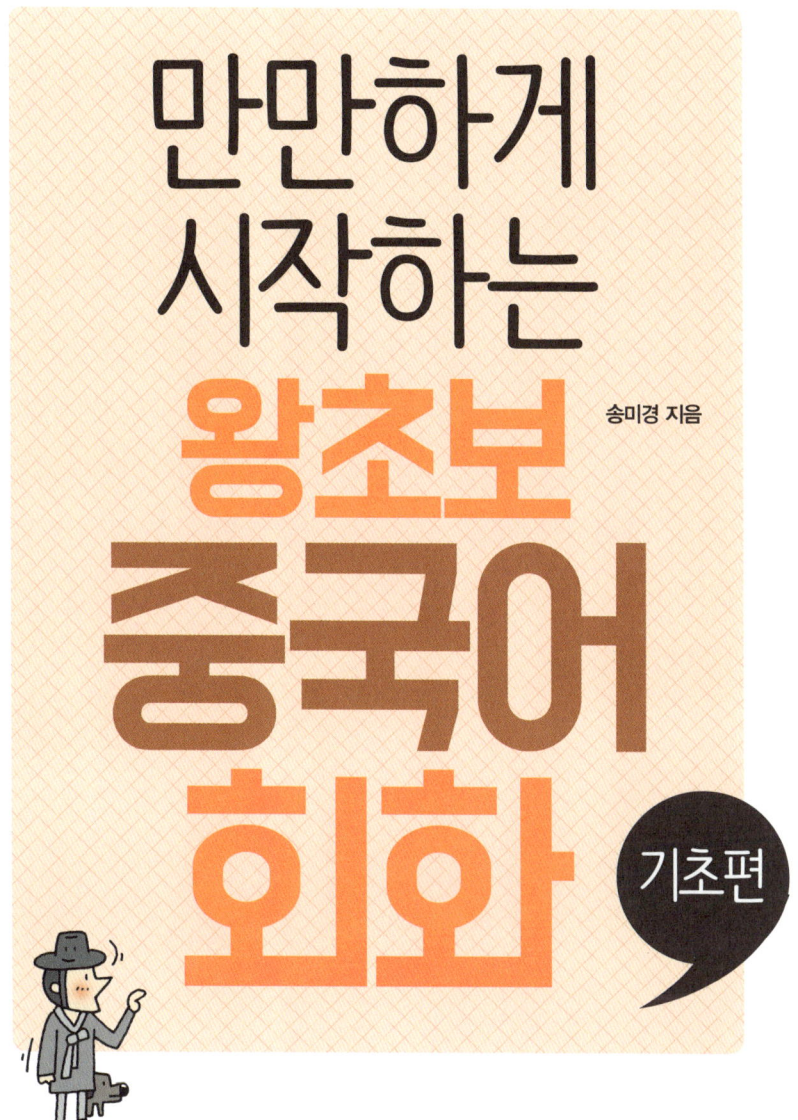

LanCom
Language & Communication

Preface

대부분의 사람들이 중국어를 제대로 배우기도 전에 중국어는 어렵다는 편견으로 쉽게 포기하는 경우가 많습니다. 하지만 어느 나라 말이든 말을 배운다는 것은 생각만큼 그렇게 어려운 일이 아닙니다. 우리가 어릴 때 우리말을 배우면서 특별히 어렵다고 느끼지 않았던 것처럼 중국어도 마찬가지입니다. 다만 우리에게 익숙하지 않기에 어렵다고 느껴지는 것뿐입니다. 그 말에 관심을 갖고 자주 들어보고 직접 말해 보기 시작한다면 충분히 익힐 수가 있는 것입니다.

이 책은 중국어에 관심은 있지만 중국어가 어렵다고 느껴지거나, 회화에 자신이 없어 외국인과의 대화를 망설이시는 분, 중국어회화를 처음 시작하는 분들을 위한 발음과 회화를 접목시킨 기초중국어회화 교재입니다.

이 책으로 꾸준히 발음과 회화를 연습하여 독자 여러분의 중국어회화 실력을 한 단계 업그레이드 시키는 데 조금이나마 도움이 되기를 희망합니다.

이 책의 특징

발음부터 확실하게!

우리가 일상생활에서 쉽게 접할 수 있는 단어와 예문을 중심으로 발음부터 다시 학습할 수 있도록 구성하였습니다. 중국어 발음은 한번 굳어지면 고치기가 쉽지 않으므로 음성파일과 함께들으며 처음부터 올바른 발음을 익히도록 해야 합니다.

필수 회화 표현

각 Unit의 중심이 되는 기본 표현을 실제 대화문으로 정리하여 일상생활에 유용하게 하였으며 필수 표현들을 수록하여 중국어에 대한 기초가 부족한 분들도 쉽게 회화에 접근할 수 있도록 하였습니다. 또한 말하는 상황이나 전후 관계에 따라 필요한 구어적인 어법이나 관습적인 표현에 관한 해설을 두어 대화에 도움이 될 수 있도록 하였습니다.

원어민이 녹음한 MP3 파일

본문 전체를 원어민이 녹음한 mp3파일을 무료로 제공(www.lancom.co.kr)하므로 정확한 발음을 익힐 수 있습니다.

Contents

Part 01 발음 익히기

- *01* 집안에서 쓰이는 단어로 발음 익히기　36
- *02* 의복에 관련된 단어로 발음 익히기　44
- *03* 식탁에서 쓰이는 단어로 발음 익히기　52
- *04* 스포츠와 취미 단어로 발음 익히기　60
- *05* 가족에 관련된 단어로 발음 익히기　68

Part 02 기초회화

- *01* 일상의 인사표현　78
- *02* 소개할 때　80
- *03* 자기 소개할 때　82
- *04* 가족소개와 이름을 물을 때　84
- *05* 오랜만에 만났을 때　86
- *06* 헤어질 때의 인사　88
- *07* 감사의 표현　90
- *08* 사과할 때　92
- *09* 부탁할 때　94
- *10* 축하할 때　96
- *11* 맞장구를 칠 때　98
- *12* 알아듣지 못했을 때　100
- *13* 기쁨·칭찬의 표현　102
- *14* 슬픔·위로할 때　104
- *15* 불만스러울 때　106

16	찬성할 때 108
17	반대할 때 110
18	거절할 때 112
19	질문할 때 114
20	긍정할 때 116
21	부정할 때 118

Part 03 기본표현

01	아는 사람을 우연히 만났을 때 122
02	모르는 사람에게 말을 걸 때 124
03	집에 초대할 때 126
04	손님을 맞이할 때 128
05	손님께 권하는 말 130
06	손님께 음료를 권할 때 132
07	손님께 음식을 권할 때 134
08	자리에서 일어날 때 136
09	손님을 배웅할 때 138
10	일을 대신 처리할 때 140
11	자리를 권할 때 142
12	선물을 전할 때 144
13	다른 사람의 계획을 물을 때 146
14	약속시간을 정할 때 148
15	약속하기 편한 시간과 장소를 물을 때 150
16	직장을 물어볼 때 152
17	고향을 물어볼 때 154
18	가족을 물어볼 때 156

19	의미를 확인할 때 158
20	반문할 때 160
21	이해했는지 확인할 때 162
22	상대방의 의견을 확인할 때 164
23	취미를 물어볼 때 166
24	원인을 물어볼 때 168
25	상대방이 생각나지 않을 때 170
26	상황이 안 좋을 때 172
27	길을 물어볼 때 174
28	교통편을 알려줄 때 176
29	먼저 자리에서 일어나야 할 때 178
30	손님을 안내할 때 180
31	다른 사람이 부를 때 182
32	이미 충분함을 표현할 때 184
33	주의를 환기 시킬 때 186
34	중요한 일을 잊었을 때 188
35	능력이 안 됨을 나타낼 때 190
36	상대방의 말을 못 알아들을 때 192
37	상대방의 말을 알아들었을 때 194
38	사과의 메시지를 전할 때 196
39	의견을 제시할 때 198
40	날씨에 대해 말할 때 200
41	컨디션이 좋지 않을 때 202
42	음식 맛이 좋을 때 204

43 호의를 받아드릴 때 206
44 자신의 책임이 아님을 표현할 때 208
45 상대방의 잘못을 지적할 때 210
46 상대방에게 감탄했을 때 212
47 안도의 뜻을 나타낼 때 214
48 기쁜 소식을 들었을 때 216
49 추측을 나타낼 때 218
50 의외의 상황에 부딪혔을 때 220
51 상대방의 옷차림을 칭찬할 때 222
52 상대방을 진정시킬 때 224
53 상대를 위로할 때 226
54 상대를 격려할 때 228
55 상대가 내 일을 대신 해주었을 때 230
56 칭찬을 받았을 때 232
57 물건을 전해달라고 할 때 234
58 물건을 빌릴 때 236
59 참석해도 되는지 물을 때 238
60 기다리라고 말할 때 240
61 상의할 일이 있을 때 242
62 상대에게 부탁할 때 244
63 부탁을 해야 할 때 246
64 상대방의 의견을 구할 때 248
65 부탁을 들어줄 때 250
66 부탁을 거절할 때 252

중국어의 병음과 성조

한자는 한 글자가 하나의 음절을 갖고 있습니다!

어두의 자음을 '성모(声母)'라고 하며, 성모 뒤의 모음을 포함한 부분을 '운모(韵母)'라고 합니다. 운모가 모음 하나뿐인 것도 있으며, 음절이 2개 혹은 3개의 모음으로 된(mao, miao), 모음 끝에 비음(鼻音)을 동반한 것(san, ling)도 있습니다. 한자의 발음을 로마자로 표기하는 것을 '병음(拼音 pīnyīn)'이라고 하며, 각 음절에는 '사성(四声 sishēng)'이라는 성조가 붙어 있습니다.

1 번체자와 간체자

우리가 흔히 사용하는 한자를 중국에서는 번체자(繁体字)라 하고 이것을 단순화시킨 것을 간체자(简体字)라고 하여 중국 내의 모든 공식문서를 비롯하여 출판물에 사용하고 있습니다. 우리는 어릴 때부터 한자를 많이 접하여 중국어가 그다지 낯설지는 않지만 간혹 익숙지 못한 글자가 나타나기도 하는데, 이는 중국대륙에서 사용되는 간체자와 한국, 일본, 대만, 홍콩 등지에서 사용되는 번체자의 차이 때문입니다. 중국 대륙은 1955년부터 1964년에 걸친 작업 끝에 2,238개 한자의 표기법을 통합 정리하고 간략화하였습니다.

2 한어병음

우리말이나 영어는 표음문자로서 글자만 보고도 정해진 규칙대로 발음할 수 있지만 한자는 표의문자로서 글자를 보고 의미를 짐작할 수는 있어도 발음하기는 힘들기 때문에 중국에서는 한자의 발음을 로마자로 표기하는 한어병음(汉语拼音)을 제정, 공포하여 좀 더 쉽고 정확하게 음을 익힐 수 있게 하였습니다. 1958년에 한어병음방안(汉语拼音方案)에 따라 표음부호로서 공식 제정되어 표준말의 보급에 절대적인 공헌을 하고 있습니다. 흔히 汉拼으로 약칭하며, 알파벳 26자 중 v자를 제외한 25자와 특수모음 ü로 구성되어 있습니다. 이는 애초에 중국어를 표의문자인 한자 대신에 표음문자인 로마자로 바꿔 쓰기 위한 수단으로 개발된 것으로서, 몇 차례 수정 보완을 거쳐 병음자모로서 공식적으로 제정되기에 이르렀습니다.

四声 sì shēng

3 성모 声母

중국어 성모에서 중요한 것은 무기음(无气音)과 유기음(有气音)의 구별입니다. 구강에 모아둔 입김을 강하게 내뿜으며 발음하는 것을 유기음이라 하고 입김을 약하게 내뿜으며 발음하는 것을 무기음이라 합니다.

| 유기음(无气音) | p | t | k | q | ch | c |
| 무기음(有气音) | b | d | g | j | zh | z |

순음(脣音)	b	p	m		f
설음(舌音)	d	t	n		l
설근음(舌根音)	g	k	h		
설면음(舌面音)	j	q	x		
권설음(倦舌音)	zh	ch	sh		r
설치음(舌齒音)	z	c	s		

(1) **순음**   bo 뽀어   po 포어   mo 모어   fo 풔어

두 입술 사이에서 내는 음으로서 입술을 닫은 상태에서 강한 음을 냅니다. 그런데 f의 발음은 우리말의 'ㅎ' 발음과 비슷하면서도 조금 다릅니다. 억양이 강해 영어의 f를 발음할 때처럼 윗니로 아랫입술을 약간 깨물 듯이 발음합니다.

(2) **설음**   de 뜨어   te 트어   ne 느어   le 르어

혀끝에서 내는 음으로서 혀끝을 완전히 위 잇몸 뒤쪽에 붙였다가 떼면서 내는 음입니다. 특히 l은 억양이 강해 영어의 l과 같이 혀끝을 위 잇몸 뒤쪽에 붙이고 발음합니다.

(3) **설근음**   ge 끄어   ke 크어   he 흐어

혀뿌리에서 발음하는 음으로서 특히 h는 목 안쪽에서부터 강한 숨을 내뿜으며 발음합니다.

(4) **설면음**   ji 지   qi 치   xi 시

혓바닥과 위쪽 턱으로 내는 음으로서 입술을 옆으로 벌리고 혀끝을 아래 잇몸의 뒤쪽에 가볍게 붙였다가 발음하면서 뗍니다.

(5) **권설음**   zhi 즈   chi 츠   shi 스   ri 르

혀를 구부리며 내는 음으로서 구부린 혀끝을 위 잇몸 뒤쪽에 닿을락말락한 상태에서 발음하는데 혀끝이 강하게 떨립니다. 특히 r이 그러하며, r음은 권설음이므로 우리말의 'ㄹ'과 같이 발음해서는 안 됩니다.

(6) **설치음**   zi 쯔   ci 츠   si 쓰

혀끝에서 내는 음으로서 혀를 아랫니 혀뿌리에 붙였다가 떼면서 발음합니다.

四声 sì shēng

4 단운모 单韵母

운모 중 가장 기본이 되는 발음이며, 발음할 때 처음부터 끝까지 입 모양과 혀의 위치가 변하지 않는 것으로 다음과 같이 여섯 가지가 있습니다.

a	입을 크게 벌리고 '아' 하고 발음합니다.
o	입 모양을 둥글게 하고 '오'와 '어'의 중간 발음을 합니다.
e	입을 반쯤 벌리고 '으어'라고 발음합니다.
i	한글 발음의 '이' 하고 발음할 때보다 좌우로 더 벌려 '이'라고 발음합니다. 단, 단독으로 음절을 구성할 때는 yi라고 표기합니다.
u	입술을 둥글게 오므리면서 앞으로 내밀고 '우'라고 발음합니다. 단, 단독으로 음절을 구성할 때는 wu라고 표기합니다.
ü	'위' 발음은 발음이 끝날 때까지 입 모양을 변하게 해서는 안 됩니다. 보통 한글 발음은 '위-이'로 발음하지만, 중국에서는 '위-위'라고 끝납니다. 단, 단독으로 음성을 구성할 때는 yu라고 표기합니다. 또한 j, q, x와 결합할 때는 위의 두 점은 생략합니다.

5 복운모 复韵母

두 개의 단운모(单韵母)가 결합하여 이루어진 것으로 입 모양과 혀의 위치는 발음을 시작할 때와 끝날 때가 각각 다르며 아래 네 가지가 있습니다.

ai	a 쪽에 강세를 두어 i를 가볍게 붙여 '아이' 라고 발음합니다.
ei	e 쪽에 강세를 두어 i를 가볍게 붙여 '에이' 라고 발음합니다.
ao	a 쪽에 강세를 두어 o를 가볍게 붙여 '아오' 라고 발음합니다.
ou	o 쪽에 강세를 두어 u를 가볍게 붙여 '어우' 라고 발음합니다.

6 부성운모 附声韵母

단운모에 비음운미(鼻音韵尾)인 'n, ng' 가 결합하여 이루어진 것으로 아래와 같이 네 개가 있습니다. 입 모양과 혀의 위치는 시작할 때와 끝날 때가 각각 다릅니다.

an	먼저 a 발음을 내다가 우리말의 'ㄴ' 받침을 붙여 발음하며, 이때 'ㄴ' 은 비음으로 나오며 '안' 으로 발음합니다.
en	e를 발음하면서 우리말의 'ㄴ' 받침을 붙여 발음하며, 이때 'ㄴ' 은 비음으로 나오며 '으언' 으로 발음합니다.

ang	a를 발음하면서 우리말의 'ㅇ' 받침을 붙여 발음하며, 이때 'ㅇ'은 비음으로 나오며 '앙'으로 발음합니다.
eng	e를 발음하면서 우리말의 'ㅇ' 받침을 붙여 발음하며, 이때 'ㅇ'은 비음으로 나오며 '으엉'으로 발음합니다.

7 권설운모 卷舌韵母

성모와 결합하지 않고 항상 단독으로 쓰이는데, 때로는 단어의 끝에 붙어서 발음 변화를 일으키기도 합니다.

er	e를 발음하면서 혀끝을 말아서 'ㄹ' 받침을 붙여 '얼'로 발음합니다.

8 결합운모 结合韵母

개구음인 a, o, e와, 이들을 주요 운모로 하는 i, u가 결합하여 만들어집니다.

(1) i와 결합하는 것

ia	a 쪽에 강세를 두어 '이아'처럼 발음합니다.
ie	우리나라 말의 '이에'와 비슷하나 경우에 따라 '예'에 가깝게 들립니다. 단독으로 쓰일 때는 e 위에 표시를 하지만, 결합운모로 될 때는 e로 표기합니다. 결합운모로 되는 것은 ie와 e 두 가지가 있습니다.
iao	주모음은 a이므로 강하게 읽어 '이아오' 같이 읽습니다.
iou	주모음은 o이므로 이를 강하게 읽어 '이어우' 같이 읽습니다. iou는 앞에 성모가 오면 o가 없어지고, -iu로 표기되니 주의해야 합니다.
ian	표기대로 하면 '이안'이나 실제 발음은 '이엔'과 같이 발음되므로 특히 주의해야 합니다.
in	i 발음에 'ㄴ' 받침을 붙인 것과 같이 '인'으로 발음합니다.
iang	주모음 a에 강세를 두어 '이앙'처럼 발음합니다.
ing	i 발음에 'ㅇ' 받침을 붙인 것과 같이 '잉'으로 발음합니다.
iong	i 발음에 '옹' 발음을 더한 것과 같으며, 우리말 '이옹'과 비슷하게 발음합니다.

※ i가 성모와 결합하여 그 뒤에 놓이는 경우엔 그대로 i로 표기하지만, 성모와 결합하지 않고 그 자체로 음절을 이루게 될 경우에는 i를 y로 고쳐 표기하게 됩니다. (예) ya

(2) u와 결합하는 것

ua	u와 a의 결합으로 a에 강세를 두어 '우아'로 읽습니다.
uo	u와 o의 결합으로 o에 강세를 두어 '우어'로 읽습니다.
uai	주모음인 a에 강세를 두어 '우아이'로 읽습니다.
uei	주모음인 e에 강세를 주어 발음합니다. 그러나 자음과 결합하면 표기는 -ui로 바뀌고 발음은 '우이'가 됩니다.
uan	주모음인 a에 강세를 주어 우리말의 '우안'처럼 발음합니다.
uen	주모음인 e에 강세를 주어 발음합니다. 그러나 자음과 결합하면 표기는 -un으로 바뀌게 되고 발음은 '운'처럼 읽습니다.
uang	주모음인 a에 강세를 주어 '우앙'으로 읽습니다.
ueng	주모음인 e에 강세를 주어 '우엉'으로 읽습니다.

※ u가 성모와 결합하여 그 뒤에 놓이는 경우엔 그대로 u로 표기하지만, 성모와 결합하지 않고 그 자체로 음절을 이루게 될 경우에는 u를 w로 고쳐 표기하게 됩니다. (예) wa

(3) ü와 결합하는 것

üe	ü와 e의 결합으로 e 쪽에 강세를 주어 '위에'로 읽습니다.
üan	표기대로 읽으면 '위안'이 되지만, 실제로는 발음이 변하여 '위엔'처럼 발음되므로 주의해야 합니다.
ün	ü 발음에 우리말 'ㄴ'을 붙인 것과 같이 '윈'으로 읽습니다.

※ü는 성모 j, q, x와 결합할 때 u로 표기되고 n, l 뒤에 놓이는 경우에는 ü로 표기합니다. 성모와 결합하지 않고 그 자체로 음절을 이루게 될 경우에는 ü의 두 점을 생략하고 동시에 그 앞에 y를 첨가하여 yu로 고쳐 표기합니다.

(예) xue, lüe, yue

9 사성 四声

성조(声调)에는 4종류의 높낮이 변화가 있는데, 이것을 '사성(四声)'이라고 합니다. 'ma(마)' 음으로 발음해봅시다.

mā (妈) 어머니　　má (麻) 삼　　mǎ (马) 말　　mà (骂) 욕하다

四声 sì shēng

(1) 성조의 발음

제1성 (mā)	고음에서 시작하여 계속 같은 높이로 평탄하게 발음합니다.
제2성 (má)	중음에서 시작하여 고음으로 상승하며 발음합니다.
제3성 (mǎ)	중저음에서 시작하여 저음으로 내려갔다가 다시 올라가는 음으로 발음합니다.
제4성 (mà)	고음에서 시작하여 급격히 가장 저음으로 내려가면서 발음합니다.

(2) 성조의 표기

성조는 제1성을 [ˉ], 제2성을 [´], 제3성을 [ˇ], 제4성을 [`]로 표시하며 일반적으로 운모 위에 표기합니다.

他 tā　　　长 cháng　我 wǒ　　　不 bù

그러나 한 단어에 두개 이상의 운모가 있을 경우 주요한 운모인 a, e, o 위에 표기합니다.

早 zǎo　　　谢 xiè　　　坐 zuò

만약 a, e, o 없이 i, u, ü 만으로 된 음절일 경우에는 마지막 주요 모음 뒤에 표기합니다.

六 liù　　　岁 suì

i와 u가 이어진 때는 u 뒤의 음에 표기하고 i가 단독일 때는 위의 점을 떼어내고 표기합니다.

酒 jiǔ   嘴 zuǐ

(3) 성조변화

연속적으로 발음하는 과정에서 어떤 음절의 성조(声调)는 주변음절의 영향을 받아 변화하며 이러한 현상을 변조(变调)라고 합니다.

제3성이 중첩될 경우 앞의 음절의 제3성은 제2성으로 발음하게 됩니다. 그러나 성조 표기는 제3성 그대로입니다.

手表 shǒu biǎo (손목시계)

중첩형식으로 구성된 단어의 제2음절 또는 '~들'이라고 하는 们(men)이 붙으면 원래 성조를 무시하고 짧고 가볍게 발음하는데, 이것을 '경성(轻声)'이라고 합니다.

爸爸 bà ba (아버지)   我们 wǒ men (우리들)

(4) 一와 不의 성조변화

一는 원래 제1성이지만 제1, 제2, 제3성 앞에서는 제4성으로 발음하고, 제4성 앞에서는 제2성으로 발음합니다.

不는 원래 제4성이지만, 제4성의 음절 앞에서는 제2성으로 발음합니다.

중국어의 어법

중국어는 **어순(語順)**으로 의미를 나타내는 글자!

중국어는 우리말의 동사나 형용사처럼 다양한 어미의 변화가 없으며, 영어의 do, does, did처럼 형태 변화가 없습니다. 또한 우리말의 '~은(는), ~이(가), ~을(를), ~에(는)' 등처럼 조사가 없습니다. 그리고 어순으로 의미를 나타내므로 어순이 바뀌면 의미가 달라지기도 하고 없어지기도 합니다. 예를 들어 '狗吃(개가 먹다)'를 吃狗라고 하면 '개를 먹다'라는 뜻이 되어, 우리말 그대로 한자로 나열하여 말을 하면 뜻밖의 오해를 사기도 합니다.

1 문장성분

(1) 주어와 술어

중국어도 우리말과 마찬가지로 문장에서 주어와 술어의 위치가 같으며 문법적 의미도 동일합니다.

你好! 안녕하세요!
Nǐ hǎo

我去学校。 나는 학교에 갑니다.
Wǒ qù xuéxiào

회화체에서는 주어와 술어가 생략되는 경우도 있습니다.

你好吗? 안녕하세요?
Nǐ hǎo ma

→ **(我) 很好。** (저는) 네. '我' 주어가 생략
Wǒ hěn hǎo

谁是中国人? 누가 중국인이죠?
Shéi shì zhōngguórén

→ **他。** 그입니다. '是学生' 술어가 생략
Tā

(2) 목적어

목적어는 주로 동사 뒤에서 동작이나 행위를 구체적이고 명확하게 해 줍니다.

我有朋友。 나는 친구가 있습니다.
Wǒ yǒu péngyou

他是老师。 그는 선생님입니다.
Tā shì lǎoshī

(3) 한정어

중국어에서는 우리말과는 달리 꾸밈을 받는 말과 꾸며주는 말 사이에 的를 붙입니다.

中国的长城。 중국의 만리장성.
Zhōngguó de Chángchéng

我的雨伞。 나의 우산
Wǒ de yǔsǎn

인칭대명사나 가족, 인간관계, 소속집단처럼 친밀도가 있는 사이에서는 的를 생략할 수 있습니다.

我(的)爸爸。 저의 형님입니다. (친족 관계)
Wǒ de bàba

他(的)家。 그의 집입니다.
Tā de jiā

(4) 부사어

부사어는 일반적으로 동사와 형용사를 꾸며주며 수식어 앞에 놓여 그 의미를 명확하게 해줍니다.

我很忙。 나는 매우 바쁩니다.
Wǒ hěn máng

他们都吃了。 그들은 모두 먹었습니다.
Tāmen dōu chī le

2 의문문

(1) 吗(ma)의 의문문

您是老韩国人吗? 당신은 한국인입니까?
Nín shì Hánguórén ma?

(2) 정반의문문

긍정과 부정을 같이 나열하여 선택하게 하는 방식으로 의문문을 나타냅니다.

你的词典, 是不是? 당신 사전입니까?
Nǐ de cídiǎn, shì bu shì

你的词典, 对不对? 당신 사전이 맞나요?
Nǐ de cídiǎn, duì bu duì

这一词典书, 是不是你的? 이 사전은 당신 것입니까?
Zhè yìběn cídiǎn, shì bu shì nǐ de

(3) 의문사를 사용하는 의문문

'谁(shéi) 누구, 什么(shénme) 무엇, 怎么样(zěnmeyàng) 어떤, 几(jǐ) 몇' 등의 의문사를 쓸 때는 의문조사 吗를 쓰지 않습니다.

这是什么? 이것은 무엇입니까?
Zhè shì shénme

谁是你的弟弟? 누가 당신의 동생입니까?
Shéi shì nǐ de dìdi

(4) 还是(háishì)의 선택의문문

还是는 의문을 제기한 사람이 두 개의 답이 나올 것이라는 예측을 했을 때 쓰는 선택의문문입니다.

你来还是不来? 당신은 올 겁니까, 안 올 겁니까?
Nǐ lái háishì bù lái

(5) 呢(ne)를 이용한 의문문

我很好, 你呢? 나는 매우 좋아요, 당신은요?
Wǒ hěn hǎo, nǐ ne

(6) 好吗(hǎoma)의 의문문

我们去电影院, 好吗? 우리 영화관에 가는 게 어때요?
Wǒ men qù diànyǐngyuàn, hǎo ma

3 어기조사 了와 동태조사 了

어기조사는 문장 끝에서 어떤 동작이나 상황이 이미 발생한 것을 강조하지만, 동태조사는 동사 뒤에 접속하여 그 동작이나 상황이 이미 완성되었거나 반드시 완성되는 것을 강조합니다.

(1) 동작이나 상황의 발생 – 어기조사 了

昨天你去哪儿了? 당신은 어제 어디 갔었습니까?
Zuótiān nǐ qù nǎr le

我去公司了。 회사에 갔었습니다.
Wǒ qù gōngsī le

(2) **동작이나 상황의 완성 – 동태조사 了**

你买了什么東西? 당신은 어떤 물건을 샀습니까?
Nǐ mǎi le shénme dōngxī

我买了电脑。 저는 컴퓨터를 샀습니다.
Wǒ mǎi le diànnǎo

4 比를 이용한 비교문

比는 두 개의 모양이나 정도의 차이를 비교하는 데 쓰이며, 이것을 이용한 문장에서는 多와 같은 정도부사를 넣을 수 있습니다.

他比我矮。 그는 나보다 작습니다.
Tā bǐ wǒ ǎi

→ 他比我矮得多。 그는 나보다 너무 작습니다.
Tā bǐ wǒ ǎi de duō

这个比那个不好。 이것은 그것보다 좋지 않습니다.
Zhège bǐ nàge bùhǎo

→ 这个比那个不好得多。 이것은 그것보다 너무 좋지 않습니다.
Zhège bǐ nàge bùhǎo de duō

四声　sì shēng

5 동작의 진행

(3) **正在**

弟弟正在吃早饭。　동생은 아침밥을 먹고 있습니다.
Dìdi zhèngzài chī zǎofàn

(4) **正**

正好见到了。　마침 잘 만났습니다.
Zhèng hǎo jiàndào le

(5) **在**

他在看电视呢。　그는 (지금) 텔레비전을 보고 있습니다.
Tā zài kàn diànshì ne

6 会와 能의 비교

(5) **会**는 습득한 능력을 표시합니다.

他会开车。　그는 차를 운전할 줄 압니다.
Tā huì kāichē

(5) **能**은 자연적인 능력을 표시합니다.

他能去。　그는 갈 수 있습니다.
Tā néng qù

7 在와 有의 비교

(5) **在**는 문장의 주체가 어떤 장소에 존재하는 것을 나타낼 때 사용합니다.

사람(사물) + 在 + 장소

他在学校里。 그는 학교에 있습니다.
Tā zài xuéxiào lǐ

(5) **有**는 어떤 장소에 사람이나 사물이 위치하고 있음을 나타낼 때 사용합니다.

장소 + 有 + 사람(사물)

房间里有人。 방 안에 사람이 있습니다.
Fángjiān lǐ yǒu rén

8 중국어의 기본 문형

(1) **주어 + 술어(동사)**

他去。 그는 갑니다.
Tā qù

(2) **주어 + 술어(형용사)**

她是漂亮。 그녀는 아름답습니다.
Tā shì piàoliang

(3) 주어＋술어(동사)＋목적어

他喝可乐。   그는 콜라를 마십니다
Tā hē kělè

(4) 주어＋술어(조동사＋동사)＋목적어

他爱喝蔬菜汁。   그는 야채주스 마시는 것을 좋아합니다.
Tā ài hē shūcàizhī

(5) 주어＋술어(동사)＋간접목적어＋직접목적어

我给他书。   나는 그에게 책을 주었습니다.
Wǒ gěi tā shū

(6) (주어)＋술어(동사)

(你)听!   들어!
(Nǐ) tīng

(7) (주어)＋술어(동사)＋보어

(你)听一下。   좀 들어.
(Nǐ) tīng yíxià

(8) 개사구조＋술어(동사)

给我说。   나에게 말해 주세요.
Gěi wǒ shuō

(9) **개사구조＋술어(동사)＋보어**

给我说一下。　　나에게 좀 말해 주세요.
Gěi wǒ shuō yíxià

(6) ~ (9)는 명령문으로 앞에 请(qǐng)을 붙이면 좀더 정중한 명령이나 요구를 나타냅니다. (6)과 (9) 앞에 别(bié) 또는 请别(qǐngbié)를 붙이면 동작이나 행위의 금지를 나타냅니다. (2)의 문장을 의문문으로 할 때는 다음 몇 가지 방법이 있습니다.

① 보통문＋吗?

这部电影有意思吗?　　이 영화는 재미있습니까?
Zhè bù diànyǐng yǒuyìsi ma

② 술어를 긍정과 부정의 형태로 열거한다.

韩国菜好吃不好吃?　　한국요리는 맛있습니까?
Hánguócài hǎochī bù hǎochī

③ 의문문을 사용한다.

什么菜好吃?　　무슨 요리가 맛없습니까?
Shénme cài bùhǎochī

Part 01
발음 익히기

01 집안에서 쓰이는 단어로 발음 익히기

① 床 chuáng 침대
② 书 shū 책
③ 椅子 yǐzi 의자
④ 闹钟 nàozhōng 자명종
⑤ 书桌 shūzhuō 책상
⑥ 台灯 táidēng 스탠드
⑦ 笔 bǐ 펜
⑧ 铅笔 qiānbǐ 연필
⑨ 钢琴 gāngqín 피아노
⑩ 沙发 shāfā 소파
⑪ 桌子 zhuōzi 테이블
⑫ 电视机 diànshìjī 텔레비전
⑬ 窗户 chuānghu 창문
⑭ 衣柜 yīguì 옷장
⑮ 电脑 diànnǎo 컴퓨터
⑯ 窗帘 chuānglián 커튼
⑰ 收音机 shōuyīnjī 라디오
⑱ 音响 yīnxiǎng 오디오
⑲ 火炉 huǒlú 스토브

단어로 발음 연습해 보기

1 床 [chuáng 추앙] 침대

这是你的床吗? ➡ 是我的。
Zhè shì nǐ de chuáng ma   Shì wǒ de
쩌 스 니 더 추앙 마   스 워 더

이것은 당신 침대입니까?
그렇습니다.

연습 이것은 당신 침대입니까?
这是你的床吗?

2 书 [shū 수] 책

你有中文书吗? ➡ 我有中文书。
Nǐ yǒu Zhōngwén shū ma   Wǒ yǒu Zhōngwén shū
니 여우 쫑원 수 마   워 여우 쫑원 수

당신은 중국어 책을 가지고 있습니까?
가지고 있습니다.

연습 당신은 중국어 책을 가지고 있습니까?
你有中文书吗?

3 椅子 [yǐzi 이즈] 의자

这是谁的椅子? ➡ 这是我哥哥的。
Zhè shì shéi de yǐzi　　　Zhè shì wǒ gēge de
쩌 스 쉐이 더 이즈　　　쩌 스 워 끄어거 더

이것은 누구 의자입니까?
우리 형 것입니다.

연습 이것은 누구 의자입니까?
这是谁的椅子?

4 闹钟 [nàozhōng 나오쫑] 자명종

那是什么? ➡ 那是闹钟。
Nà shì shénme　　Nà shì nàozhōng
나 스 션머　　　　나 스 나오쫑

저것은 무엇입니까?
저것은 자명종입니다.

연습 저것은 무엇입니까?
那是闹钟。

5 书桌 [shūzhuō 수쭈어] 책상

这是你的书桌吗? ➡ 不，这不是我的。
Zhè shì nǐ de shūzhuō ma   Bù, zhè búshì wǒ de
쩌 스 니 더 수쭈어 마   뿌, 쩌 부스 워 더

이것은 당신 책상입니까?
아니오, 제 것이 아닙니다.

연습 이것은 당신 책상입니까?
这是你的书桌吗?

6 台灯 [táidēng 타이떵] 스탠드

请打开台灯。 ➡ 好，没问题。
Qǐng dǎkāi táidēng   Hǎo, méi wèntí
칭 다카이 타이떵   하오, 메이 원티

스탠드를 켜 주세요.
네, 알겠습니다.

연습 스탠드를 켜 주세요.
请打开台灯。

7 笔 [bǐ 비] 펜

请你借给我笔用一下，好吗？ ➡ 好，给你。
Qǐng nǐ jiè gěi wǒ bǐ yòng yíxià, hǎo ma　　Hǎo, gěi nǐ
칭 니 찌에 게이 워 비 용 이 시아, 하오 마　　하오, 게이 니

펜 좀 빌려 주시겠습니까?
네, 여기 있습니다.

연습　펜 좀 빌려 주시겠습니까?
请你借给我笔用一下，好吗？

8 铅笔 [qiānbǐ 치엔비] 연필

那是铅笔吗？ ➡ 那是铅笔。
Nà shì qiānbǐ ma　　Nà shì qiānbǐ
나 스 치엔비 마　　나 스 치엔비

저것은 연필입니까?
그렇습니다.

연습　저것은 연필입니다.
那是铅笔。

9 钢琴 [gāngqín 깡친] 피아노

这是不是你的钢琴? ➡ 是，这是我的。
Zhè shì bu shì nǐ de gāngqín　　Shì, zhè shì wǒ de
쩌 스 부 스 니 더 깡친　　스, 쩌 스 워 더

이것은 당신 피아노입니까?
네, 그렇습니다.

연습 이것은 당신 피아노입니까?
这是不是你的钢琴?

10 沙发 [shāfā 샤파] 소파

我可以坐在沙发上吗? ➡ 当然可以。
Wǒ kěyǐ zuò zài shāfā shàng ma　　Dāngrán kěyǐ
워 크어이 쭈어 짜이 샤파 샹 마　　땅란 크어이

소파에 앉아도 될까요?
물론이죠.

연습 소파에 앉아도 될까요?
我可以坐在沙发上吗?

11 桌子 [zhuōzi 쭈어즈] 테이블

这是什么? ➡ 这是桌子。
Zhè shì shénme Zhè shì zhuōzi.
쩌 스 션머 쩌 스 쭈어즈

이것은 무엇입니까?
이것은 테이블입니다.

🟡연습 그것은 테이블입니다.
这是桌子。

12 电视机 [diànshìjī 띠엔스찌] 텔레비전

房间里有电视机吗? ➡ 房间里没有电视机。
Fángjiān li yǒu diànshìjī ma Fángjiān li méi yǒu diànshìjī
팡찌엔 리 여우 띠엔스찌 마 팡찌엔 리 메이 여우 띠엔스찌

방안에 텔레비전이 있습니까?
방안에 텔레비전이 없습니다.

🟡연습 방안에 텔레비전이 있습니까?
房间里有电视机吗?

13 窗户 [chuānghu 추앙후] 창문

请把窗户打开，好不好？
Qǐng bǎ chuānghu dǎkāi, hǎo bu hǎo
칭 바 추앙후 다카이, 하오 부 하오

➡ 好，没问题。
Hǎo, méi wèntí
하오, 메이 원티

창문을 열어 주시겠습니까?
네, 알겠습니다.

● 연습 창문을 열어 주시겠습니까?
请把窗户打开，好不好？

Word Plus + +

衣柜
[yīguì 이꾸에이]
옷장

收音机
[shōuyīnjī 셔우인찌]
라디오

电脑
[diànnǎo 띠엔나오]
컴퓨터

音响
[yīnxiǎng 인시앙]
오디오

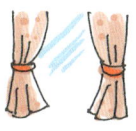
窗帘
[chuānglián 추앙리엔]
커튼

火炉
[huǒlú 후어루]
스토브

02 의복에 관련된 단어로 발음 익히기

① 发带 fàdài 헤어밴드　② 腰带 yāodài 허리띠　③ 刷子 shuāzi 브러시
④ 衣服 yīfu 옷　⑤ 大衣 dàyī 코트　⑥ 连衣裙 liányīqún 드레스
⑦ 手套 shǒutào 장갑　⑧ 帽子 màozi 모자　⑨ 戒指 jièzhi 반지
⑩ 衬衫 chènshān 셔츠　⑪ 裙子 qúnzi 스커트　⑫ 背心 bèixīn 조끼
⑬ 长筒靴 chángtǒngxuē 부츠　⑭ 棒球帽 bàngqiúmào 야구모자
⑮ 手绢 shǒujuàn 손수건　⑯ 项链 xiàngliàn 목걸이　⑰ 鞋 xié 신발
⑱ 袜子 wàzi 양말　⑲ 西装 xīzhuāng 양복　⑳ 毛衣 máoyī 스웨터
㉑ 领带 lǐngdài 넥타이
㉒ 裤子 kùzi 바지

단어로 발음 연습해 보기

1 发带 [fàdài 파따이] 헤어리본

我的发带在哪儿? ➡ 在桌子上边。
Wǒ de fàdài zài nǎr   Zài zhuōzi shàngbian
워 더 파따이 짜이 나알   짜이 쭈어즈 샹비엔

내 헤어리본은 어디에 있습니까?
테이블 위에 있습니다.

연습 내 헤어리본은 어디에 있습니까?
我的发带在哪儿?

2 腰带 [yāodài 야오따이] 허리띠

那是什么? ➡ 那是我的腰带。
Nà shì shénme   Nà shì wǒ de yāodài
나 스 션머   나 스 워 더 야오따이

저것은 무엇입니까?
저것은 저의 허리띠입니다.

연습 저것은 저의 허리띠입니다.
那是我的腰带。

45

3 刷子 [shuāzi 수아즈] 브러시, 솔

这是谁的刷子？ ➡ 那不是我的刷子。
Zhè shì shéi de shuāzi　　　Nà bú shì wǒ de shuāzi
쩌 스 쉐이 더 수아즈　　　　나 부 스 워 더 수아즈

이것은 누구의 브러시입니까?
그것은 저의 브러시가 아닙니다.

연습 그것은 저의 브러시가 아닙니다.
那不是我的刷子。

4 衣服 [yīfu 이푸] 옷

你的衣服很漂亮。 ➡ 谢谢。
Nǐ de yīfu hěn piàoliang　　　Xièxie
니 더 이푸 흐언 피아오리앙　　시에시에

당신의 옷은 정말 예쁩니다.
감사합니다.

연습 당신의 옷이 정말 예쁩니다.
你的衣服很漂亮。

5 大衣 [dàyī 따이] 코트

你有没有白色大衣? ➡ 我有白色大衣。
Nǐ yǒu méi yǒu báisè dàyī　　Wǒ yǒu báisè dàyī
니 여우 메이 여우 바이써 따이　워 여우 바이써 따이

당신은 흰색 코트가 있습니까?
네, 있습니다.

연습 당신은 흰색 코트가 있습니까?
你有没有白色大衣?

6 连衣裙 [liányīqún 리엔이췬] 드레스

你的红色连衣裙漂亮极了。 ➡ 你太夸奖了。
Nǐ de hóngsè liányīqún piàoliang jí le　　Nǐ tài kuājiǎng le
니 더 홍써 리엔이췬 피아오리앙 지 러　니 타이 쿠아지앙 러

당신의 빨간 드레스가 아름답습니다.
과찬이십니다.

연습 당신의 빨간 드레스가 아름답습니다.
你的红色连衣裙漂亮极了。

7 手套 [shǒutào 셔우타오] 장갑

戴手套非常暖和。 ➡ 我没有手套。
Dài shǒutào fēicháng nuǎnhuo　　Wǒ méi yǒu shǒutào
따이 셔우타오 페이창 누안후어　　워 메이 여우 셔우타오

장갑을 끼면 참 따뜻합니다.
저는 장갑이 없습니다.

연습 장갑을 끼면 참 따뜻합니다.
戴手套非常暖和。

8 帽子 [màozi 마오즈] 모자

你有几顶帽子？ ➡ 我有三顶帽子。
Nǐ yǒu jǐ dǐng màozi　　Wǒ yǒu sān dǐng màozi
니 여우 지 딩 마오즈　　워 여우 싼 딩 마오즈

당신은 모자가 몇 개 있습니까?
저는 모자가 세 개 있습니다.

연습 당신은 모자가 몇 개 있습니까?
你有几顶帽子？

9 戒指 [jièzhi 찌에즈] 보석

你的戒指是什么颜色？ ➡ 我的戒指是绿色。
Nǐ de jièzhi shì shénme yánsè　　Wǒ de jièzhi shì lǜsè
니 더 찌에즈 스 션머 이엔써　　워 더 찌에즈 스 뤼써

당신의 반지는 무슨 색입니까?
제 반지는 초록색입니다.

연습 당신의 반지는 무슨 색입니까?
你的戒指是什么颜色？

10 衬衫 [chènshān 천샨] 셔츠

你有几件白色衬衫？ ➡ 我有五件白色衬衫。
Nǐ yǒu jǐ jiàn báisè chènshān　　Wǒ yǒu wǔ jiàn báisè chènshān
니 여우 지 찌엔 바이써 천샨　　워 여우 우 찌엔 바이써 천샨

당신은 흰 셔츠를 몇 장 가지고 있습니까?
다섯 장 갖고 있습니다.

연습 당신은 흰 셔츠를 몇 장 가지고 있습니까?
你有几件白色衬衫？

49

11 裙子 [qúnzi 췬즈] 스커트

你有没有红色裙子？ ➡ 我没有。
Nǐ yǒu méi yǒu hóngsè qúnzi　　Wǒ méi yǒu
니 여우 메이 여우 훙써 췬즈　　워 메이 여우

당신은 빨간 스커트가 있습니까?
없습니다.

연습 당신은 빨간 스커트가 있습니까?
你有没有红色裙子？

12 背心 [bèixīn 뻬이신] 조끼

你穿的是什么？ ➡ 我穿了背心。
Nǐ chuān de shì shénme　　Wǒ chuān le bèixīn
니 추안 더 스 션머　　워 추안 러 뻬이신

당신이 입은 것은 무엇입니까?
저는 조끼를 입었습니다.

연습 저는 조끼를 입었습니다.
我穿了背心。

Word Plus + +

长筒靴
[chángtǒngxuē 창통쉬에]
부츠

袜子
[wàzi 와즈]
양말

棒球帽
[bàngqiúmào 빵치우마오]
야구모자

西装
[xīzhuāng 시쭈앙]
양복

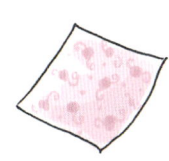
手绢
[shǒujuàn 셔우쮜엔]
손수건

毛衣
[máoyī 마오이]
스웨터

项链
[xiàngliàn 시앙리엔]
목걸이

领带
[lǐngdài 링따이]
넥타이

鞋
[xié 시에]
신발

裤子
[kùzi 쿠즈]
바지

03 식탁에서 쓰이는 단어로 발음 익히기

① 牛肉 niúròu 쇠고기
② 蛋糕 dàngāo 케이크
③ 乳酪 rǔlào 치즈
④ 炸鸡 zhájī 치킨
⑤ 碟子 diézi 접시
⑥ 水果 shuǐguǒ 과일
⑦ 玻璃杯 bōlibēi 유리잔
⑧ 冰淇淋 bīngqílín 아이스크림
⑨ 牛奶 niúnǎi 우유
⑩ 馅饼 xiànbǐng 파이
⑪ 米饭 mǐfàn 밥
⑫ 勺子 sháozi 숟가락
⑬ 啤酒 píjiǔ 맥주
⑭ 咖啡 kāfēi 커피
⑮ 杯子 bēizi 컵
⑯ 叉子 chāzi 포크
⑰ 果汁 guǒzhī 주스
⑱ 餐刀 cāndāo 나이프
⑲ 红茶 hóngchá 홍차
⑳ 蔬菜 shūcài 야채
㉑ 水 shuǐ 물
㉒ 葡萄酒 pútáojiǔ 와인

단어로 발음 연습해 보기

1 **牛肉** [niúròu 니우로우] **쇠고기**

你喜欢牛肉吗? ➡ 我很喜欢牛肉。
Nǐ xǐhuan niúròu ma　　Wǒ hěn xǐhuan niúròu
니 시후안 니우로우 마　　워 흐언 시후안 니우로우

당신은 쇠고기를 좋아합니까?
무척 좋아합니다.

연습 당신은 쇠고기를 좋아합니까?
你喜欢牛肉吗?

2 **蛋糕** [dàngāo 딴까오] **케이크**

这是什么? ➡ 这是蛋糕。
Zhè shì shénme　　Zhè shì dàngāo
쩌 스 션머　　쩌 스 딴까오

이것은 무엇입니까?
이것은 케이크입니다.

연습 이것은 케이크입니다.
这是蛋糕。

3　乳酪 [rǔlào 루라오] 치즈

你喜不喜欢乳酪？　➡　不，我不喜欢。
Nǐ xǐ bu xǐhuan rǔlào　　　Bù, wò bù xǐhuan
니 시 부 시후안 루라오　　　뿌, 워 뿌 시후안

당신은 치즈를 좋아합니까?
아니오, 좋아하지 않습니다.

연습 당신은 치즈를 좋아합니까?
你喜不喜欢乳酪？

4　炸鸡 [zhájī 자찌] 치킨

这个炸鸡好吃吗？　➡　这个炸鸡很好吃。
Zhè ge zhájī hǎochī ma　　Zhè ge zhájī hěn hǎochī
쩌 거 자찌 하오츠 마　　　쩌 거 자찌 흐언 하오츠

이 치킨은 맛있습니까?
이 치킨은 매우 맛있습니다.

연습 이 치킨은 맛있습니까?
这个炸鸡好吃吗？

5 碟子 [diézi 디에즈] 접시

红色碟子在哪儿? 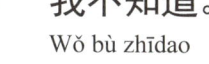 我不知道。
Hóngsè diézi zài nǎr　　　　　Wǒ bù zhīdao
홍써 디에즈 짜이 나알　　　　　워 뿌 쯔다오

붉은 접시는 어디 있습니까?
저는 모릅니다.

연습 붉은 접시는 어디 있습니까?
红色碟子在哪儿?

6 水果 [shuǐguǒ 수에이구어] 과일

你喜欢什么水果? ➡ 我喜欢草莓。
Nǐ xǐhuan shénme shuǐguǒ　　Wǒ xǐhuan cǎoméi
니 시후안 션머 수에이구어　　워 시후안 차오메이

당신은 어떤 과일을 좋아합니까?
저는 딸기를 좋아해요.

연습 당신은 어떤 과일을 좋아합니까?
你喜欢什么水果?

7 **玻璃杯** [bōlibēi 뽀어리뻬이] **유리잔**

这是不是你的玻璃杯？ ➡ 是，这是我的。
Zhè shì bu shì nǐ de bōlibēi　　Shì, zhè shì wǒ de
쩌 스 부 스 니 더 뽀어리뻬이　　스, 쩌 스 워 더

이것은 당신의 유리잔입니까?
네, 제 것입니다.

연습 이것은 당신의 유리잔입니까?
这是不是你的玻璃杯？

8 **冰淇淋** [bīngqílín 삥치린] **아이스크림**

你喜欢冰淇淋吗？ ➡ 我很喜欢。
Nǐ xǐhuan bīngqílín ma　　Wǒ hěn xǐhuan
니 시후안 삥치린 마　　워 흐언 시후안

당신은 아이스크림을 좋아합니까?
네, 좋아합니다.

연습 당신은 아이스크림을 좋아합니까?
你喜欢冰淇淋吗？

9 牛奶 [niúnǎi 니우나이] 우유

你每天早上喝牛奶吗？ ➡ 我每天喝牛奶。
Nǐ měitiān zǎoshang hē niúnǎi ma　　Wǒ měitiān hē niúnǎi
니 메이티엔 자오샹 흐어 니우나이 마　　워 메이티엔 흐어 니우나이

당신은 매일 아침 우유를 마십니까?
저는 매일 우유를 마십니다.

연습　당신은 매일 아침 우유를 마십니까?
　　你每天早上喝牛奶吗？

10 馅饼 [xiànbǐng 시엔빙] 파이

你喜欢吃什么馅饼？ ➡ 我喜欢苹果馅饼。
Nǐ xǐhuan chī shénme xiànbǐng　　Wǒ xǐhuan píngguǒ xiànbǐng
니 시후안 츠 션머 시엔빙　　워 시후안 핑구어 시엔빙

당신은 어떤 파이를 좋아합니까?
저는 애플파이를 좋아합니다.

연습　당신은 어떤 파이를 좋아합니까?
　　你喜欢吃什么馅饼？

11 米饭 [mǐfàn 미판] 밥

你早上吃米饭还是吃面包？ ➡ 我吃米饭。
Nǐ zǎoshang chī mǐfàn háishi chī miànbāo　　Wǒ chī mǐfàn
니 자오샹 츠 미판 하이스 츠 미엔빠오　　워 츠 미판

아침에 밥을 먹습니까, 빵을 먹습니까?
밥을 먹습니다.

연습 아침에 밥을 먹습니까, 빵을 먹습니까?
你早上吃米饭还是吃面包？

12 勺子 [sháozi 샤오즈] 숟가락

我的勺子在哪儿？ ➡ 在桌子后边儿。
Wǒ de sháozi zài nǎr　　Zài zhuōzi hòubiānr
워 더 샤오즈 짜이 나알　　짜이 쭈어즈 허우비알

내 숟가락은 어디 있습니까?
테이블 뒤에 있습니다.

연습 내 숟가락은 어디 있습니까?
我的勺子在哪儿？

Word Plus + +

啤酒
[píjiǔ 피지우]
맥주

餐刀
[cāndāo 찬따오]
식칼

咖啡
[kāfēi 카페이]
커피

红茶
[hóngchá 홍차]
홍차

杯子
[bēizi 뻬이즈]
컵

蔬菜
[shūcài 수차이]
야채

叉子
[chāzi 차즈]
포크

水
[shuǐ 수에이]
물

果汁
[guǒzhī 구어쯔]
주스

葡萄酒
[pútáojiǔ 푸타오지우]
포도주

04 스포츠와 취미에 관련된 단어로 발음

① 棒球 bàngqiú 야구　② 篮球 lánqiú 농구　③ 烹饪 pēngrèn 요리
④ 钓鱼 diàoyú 낚시　⑤ 武术 wǔshù 우슈　⑥ 高尔夫球 gāo'ěrfūqiú 골프
⑦ 马拉松 mǎlāsōng 마라톤　⑧ 读书 dúshū 독서　⑨ 足球 zúqiú 축구
⑩ 帆板 fānbǎn 서핑　⑪ 网球 wǎngqiú 테니스　⑫ 球 qiú 공
⑬ 游泳 yóuyǒng 수영　⑭ 排球 páiqiú 배구　⑮ 摔跤 shuāijiāo 레슬링
⑯ 自行车比赛 zìxíngchē bǐsài 사이클링　⑰ 休闲潜水 xiūxián qiánshuǐ 스쿠버다이빙

1 棒球 [bàngqiú 빵치우] 야구

你喜欢棒球吗? ➡ 我非常喜欢棒球。
Nǐ xǐhuan bàngqiú ma　　Wǒ fēicháng xǐhuan bàngqiú
니 시후안 빵치우 마　　　워 페이창 시후안 빵치우

당신은 야구를 좋아합니까?
저는 야구를 무척 좋아합니다.

연습 당신은 야구를 좋아합니까?
你喜欢棒球吗?

2 篮球 [lánqiú 란치우] 농구

你会不会篮球? ➡ 我不会。
Nǐ huì bu huì lánqiú　　Wǒ bú huì
니 후에이 부 후에이 란치우　워 부 후에이

당신은 농구를 할 줄 압니까?
저는 못합니다.

연습 당신은 농구를 할 줄 압니까?
你会不会篮球?

3 烹饪 [pēngrèn 펑런] 요리

你的爱好是什么? ➡ 我平时喜欢烹饪。
Nǐ de àihào shì shénme　　Wǒ píngshí xǐhuan pēngrèn
니 더 아이하오 스 션머　　워 핑스 시후안 펑런

당신의 취미는 무엇입니까?
저는 평소에 요리를 즐겨합니다.

연습 저는 평소에 요리를 즐겨합니다.
我平时喜欢烹饪。

4 钓鱼 [diàoyú 띠아오위] 낚시

你喜欢钓鱼吗? ➡ 我不太喜欢钓鱼。
Nǐ xǐhuan diàoyú ma　　Wǒ bútài xǐhuan diàoyú
니 시후안 띠아오위 마　　워 부타이 시후안 띠아오위

당신은 낚시를 좋아합니까?
저는 낚시를 별로 안 좋아해요.

연습 저는 낚시를 별로 안 좋아해요.
我不太喜欢钓鱼。

5 武术 [wǔshù 우수] 우슈

你看过武术吗? ➡ 在电视里看过。
Nǐ kàn guo wǔshù ma　　Zài diànshì li kàn guo
니 칸 구어 우수 마　　짜이 띠엔스 리 칸 구어

당신은 우슈를 본 적이 있습니까?
텔레비전에서 본 적이 있습니다.

연습 당신은 우슈를 본 적이 있습니까?
你看过武术吗?

6 高尔夫球 [gāo'ěrfūqiú 까오얼푸치우] 골프(공)

你会打高尔夫球吗? ➡ 我很喜欢高尔夫球。
Nǐ huì dǎ gāo'ěrfūqiú ma　　Wǒ hěn xǐhuan gāo'ěrfūqiú
니 후에이 다 까오얼푸치우 마　　워 흐언 시후안 까오얼푸치우

당신은 골프를 합니까?
저는 골프를 매우 좋아해요.

연습 당신은 골프를 합니까?
你会打高尔夫球吗?

7. 马拉松 [mǎlāsōng 마라쏭] 마라톤

你喜欢看马拉松比赛吗? ➡ 我不太喜欢看。
Nǐ xǐhuan kàn mǎlāsōng bǐsài ma　　Wǒ bútài xǐhuan kàn
니 시후안 칸 마라쏭 비싸이 마　　워 부타이 시후안 칸

당신은 마라톤 경기를 좋아합니까?
별로 좋아하지 않습니다.

연습 당신은 마라톤 경기를 좋아합니까?
你喜欢看马拉松比赛吗?

8. 读书 [dúshū 두수] 독서

你的爱好是什么? ➡ 我喜欢读书。
Nǐ de àihào shì shénme　　Wǒ xǐhuan dúshū
니 더 아이하오 스 션머　　워 시후안 두수

당신의 취미는 무엇입니까?
저는 독서를 좋아합니다.

연습 저는 독서를 좋아합니다.
我喜欢读书。

9 足球 [zúqiú 주치우] 축구

你会踢足球吗? ➡ 我只喜欢看足球比赛。
Nǐ huì tī zúqiú ma　　　　 Wǒ zhǐ xǐhuan kàn zúqiú bǐsài
니 후에이 티 주치우 마　　 워 즈 시후안 칸 주치우 비싸이

당신은 축구 할 줄 압니까?
저는 축구 경기를 보는 것만 좋아합니다.

연습 당신은 축구 할 줄 합니까?
你会踢足球吗?

10 帆板 [fānbǎn 판반] 서핑

我们明天去玩帆板吧。 ➡ 好的。
Wǒmen míngtiān qù wán fānbǎn ba　　 Hǎo de
워먼 밍티엔 취 완 판반 바　　　　　　 하오 더

우리 내일 서핑하러 갑시다.
좋습니다.

연습 우리 내일 서핑하러 갑시다.
我们明天去玩帆板吧。

11 网球 [wǎngqiú 왕치우] 테니스

你会打网球吗? ➡ 我不会。
Nǐ huì dǎ wǎngqiú ma　　Wǒ búhuì
니 후에이 다 왕치우 마　　워 부후에이

당신은 테니스를 할 줄 아세요?
아니오, 못 합니다.

연습 당신은 테니스를 할 줄 아세요?
你会打网球吗?

12 球 [qiú 치우] 공

我的球在哪儿? ➡ 在桌子上边。
Wǒ de qiú zài nǎr　　Zài zhuōzi shàngbian
워 더 치우 짜이 나알　　짜이 쭈어즈 샹비엔

내 공은 어디에 있습니까?
테이블 위에 있습니다.

연습 내 공은 어디에 있습니까?
我的球在哪儿?

Word Plus + +

自行车比赛
[zìxíngchē bǐsài 쯔싱처 비싸이]
사이클링

休闲潜水
[xiūxián qiánshuǐ 시우시엔 치엔수에이]
스쿠버 다이빙

游泳
[yóuyǒng 여우용]
수영

排球
[páiqiú 파이치우]
배구

摔跤
[shuāijiāo 수아이찌아오]
레슬링

05 가족에 관련된 단어로 발음 익히기

① 鸟 niǎo 새
② 哥哥 gēge 형
③ 猫 māo 고양이
④ 娃娃 wáwa 아기
⑤ 狗 gǒu 개
⑥ 爸爸 bàba 아버지
⑦ 奶奶 nǎinai 할머니
⑧ 丈夫 zhàngfu 남편
⑨ 妈妈 māma 어머니
⑩ 妹妹 mèimei 여동생
⑪ 叔叔 shūshu 아저씨
⑫ 妻子 qīzi 아내
⑬ 阿姨 āyí 아주머니
⑭ 小孩儿 xiǎoháir 어린이
⑮ 堂弟 tángdì 사촌남동생
⑯ 女儿 nǚ'ér 딸
⑰ 爷爷 yéye 할아버지
⑱ 侄甥 zhíshēng 조카
⑲ 侄女 zhínǚ 조카딸
⑳ 儿子 érzi 아들

단어로 발음 연습해 보기

1 鸟 [niǎo 니아오] 새

你家有没有鸟? ➡ 我家没有鸟。
Nǐ jiā yǒu méi yǒu niǎo　　　Wǒ jiā méi yǒu niǎo
니 찌아 여우 메이 여우 니아오　워 찌아 메이 여우 니아오

당신의 집에 새가 있습니까?
새는 없습니다.

연습 당신의 집에 새가 있습니까?
你家有没有鸟?

2 형형 [gēge 끄어거] 형, 오빠

哥哥在家吗? ➡ 他不在家。
Gēge zài jiā ma　　Tā bú zài jiā
끄어거 짜이 찌아 마　타 부 짜이 찌아

형은 집에 있습니까?
집에 없어요.

연습 형은 집에 있습니까?
哥哥在家吗?

3 **猫** [māo 마오] **고양이**

我的猫在哪儿？ ➡ 它在桌子下边。
Wǒ de māo zài nǎr　　　Tā zài zhuōzi xiàbian
워 더 마오 짜이 나알　　　타 짜이 쭈어즈 시아비엔

제 고양이는 어디 있습니까?
테이블 밑에 있습니다.

연습 제 고양이는 어디 있습니까?
我的猫在哪儿？

4 **娃娃** [wáwa 와와] **아기**

娃娃在房间吗？ ➡ 娃娃不在房间。
Wáwa zài fángjiān ma　　Wáwa bú zài fángjiān
와와 짜이 팡찌엔 마　　　와와 부 짜이 팡찌엔

아기가 방에 있습니까?
방에 없습니다.

연습 아기가 방 안에 있습니까?
娃娃在房间吗？

5 狗 [gǒu 거우] 개

你有没有养狗? ➡ 我不养狗。
Nǐ yǒu méi yǒu yǎng gǒu　　Wǒ bù yǎng gǒu
니 여우 메이 여우 양 거우　　워 뿌 양 거우

당신은 개를 키웁니까?
개가 키우지 않습니다.

연습 당신은 개를 기릅니까?
你有没有养狗?

6 爸爸 [bàba 빠바] 아버지

爸爸在做什么呢? ➡ 爸爸在家休息。
Bàba zài zuò shénme ne　　Bàba zài jiā xiūxi
빠바 짜이 쭈어 션머 너　　빠바 짜이 찌아 시우시

아버지는 무엇을 하십니까?
아버지는 집에서 쉬고 있습니다.

연습 아버지는 집에서 쉬고 있습니다.
爸爸在家休息。

7 奶奶 [nǎinai 나이나이] 할머니

奶奶在哪儿?
Nǎinai zài nǎr
나이나이 짜이 나알

➡ 奶奶出去了。
Nǎinai chūqù le
나이나이 추취 러

할머니는 어디에 있습니까?
할머니는 외출하셨습니다.

연습 할머니는 외출하셨습니다.
奶奶出去了。

8 丈夫 [zhàngfu 짱푸] 남편

你丈夫在哪儿工作?
Nǐ zhàngfu zài nǎr gōngzuò
니 짱푸 짜이 나알 꽁쭈어

➡ 我丈夫在公司工作。
Wǒ zhàngfu zài gōngsī gōngzuò
워 짱푸 짜이 꽁쓰 꽁쭈어

남편은 어디에서 일합니까?
남편은 회사에서 일합니다.

연습 남편은 어디에서 일합니까?
你丈夫在哪儿工作?

9 妈妈 [māma 마마] 어머니

你妈妈在哪儿？ ➡ 妈妈在家。
Nǐ māma zài nǎr　　　Māma zài jiā
니 마마 짜이 나알　　　마마 짜이 찌아

당신 어머니는 어디에 있습니까?
어머니는 집에 있습니다.

연습 어머니는 집에 있습니다.
妈妈在家。

10 妹妹 [mèimei 메이메이] 여동생

妹妹是公司职员吗？ ➡ 是，她是公司职员。
Mèimei shì gōngsī zhíyuán ma　　Shì, tā shì gōngsī zhíyuán
메이메이 스 꽁쓰 즈위엔 마　　　스, 타 스 꽁쓰 즈위엔

여동생은 회사원입니까?
네, 그렇습니다.

연습 여동생은 회사원입니까?
妹妹是公司职员吗？

11 叔叔 [shūshu 수수] 아저씨

他是你的叔叔吗? ➡ 他不是我的叔叔。
Tā shì nǐ de shūshu ma   Tā bú shì wǒ de shūshu
타 스 니 더 수수 마   타 부 스 워 더 수수

그분이 당신 아저씨입니까?
그는 저의 아저씨가 아닙니다.

연습 그는 저의 아저씨가 아닙니다.
他不是我的叔叔。

12 妻子 [qīzi 치즈] 부인

你的妻子在哪儿? ➡ 她在厨房里。
Nǐ de qīzi zài nǎr   Tā zài chúfáng li
니 더 치즈 짜이 나알   타 짜이 추팡 리

부인은 어디에 계십니까?
아내는 부엌에 있습니다.

연습 부인은 어디에 계십니까?
你的妻子在哪儿?

Word Plus + +

阿姨
[āyí 아이]
아주머니

爷爷
[yéye 이에이에]
할아버지

小孩儿
[xiǎoháir 시아오하얼]
어린이

侄甥
[zhíshēng 즈셩]
조카

堂弟
[tángdì 탕띠]
사촌남동생

侄女
[zhínǚ 즈뉘]
조카딸

女儿
[nǚ'ér 뉘얼]
딸

儿子
[érzi 얼즈]
아들

01. 일상의 인사표현

小林！最近过得怎么样？
Xiǎolín　Zuìjìn guò de zěnmeyàng
시아오린 쭈에이찐 꾸어 더 전머양

我也还好。
Wǒ yě háihǎo
워 이에 하이하오

还是老样子，你呢？
Háishì lǎoyàngzi　　　nǐ ne
하이스 라오 양즈　　　니 너

샤오린! 요즘 어떻게 지내요? / 늘 그렇죠, 당신은요? / 나도 잘 지내요.

好는 '좋다'의 뜻으로 참 많이 쓰이는 말입니다. 인사말에도 好를 써서 '안녕하세요'라고 인사할 때는 你好！라고 합니다. 아침에는 早上好, 오후에는 下午好, 저녁에는 晚上好라고 하기도 합니다. 이와 비슷한 표현인 你好吗？는 '잘 지냈어요?' 라는 뜻으로 안부를 함께 물어보는 인사입니다.

♦ 안녕하세요?

你好!
Nǐ hǎo
니 하오

♦ 좋은 아침이에요!

早上好!
Zǎoshang hǎo
자오샹 하오

♦ 여러분 안녕하세요?

大家好!
Dàjiā hǎo
따찌아 하오

♦ 안녕히 주무세요.

晚安。
Wǎn'ān
완안

♦ 잘 지내십니까?

你好吗?
Nǐ hǎo ma
니 하오 마

♦ 외출하세요?

你出去吗?
Nǐ chūqu ma
니 추취 마

♦ 날씨가 좋군요.

今天天气真不错。
Jīntiān tiānqì zhēn bú cuò
찐티엔 티엔치 쩐 부 추어

소개할 때

金先生，这位是王海先生。
Jīn xiānsheng zhè wèi shì Wáng Hǎi xiānsheng
찐 시엔셩   쩌 웨이 스 왕 하이 시엔셩

你好， 我是李俊基。请多指教。
Nǐ hǎo   wǒ shì Lǐ Jùnjī   Qǐng duō zhǐjiào
니 하오 워 스 리 쮠찌   칭 뚜어 즈찌아오

认识你很高兴。我是王海。
Rènshi nǐ hěn gāoxìng Wǒ shì Wáng Hǎi
런스 니 흐언 까오싱   워 스 왕 하이

김선생님, 이분은 왕하이 씨입니다. / 처음 뵙겠습니다. 이준기입니다. 많이 가르쳐주십시오. / 만나서 반갑습니다. 왕하이입니다.

중국 사람과 처음 만나면 보통 명함을 함께 교환합니다. 중국 분의 명함을 받으면 이름 위에 붙은 소속이나 직함을 나타내는 말인 头衔이 여러 줄인 경우가 많습니다. 그럴 경우 맨 윗줄에 가장 중요한 직함이 옵니다. 명함을 교환하면 상대방의 이름이나 소속을 알기 쉽고 또 앞으로 연락하기도 좋지만 명함에 있는 한자가 너무 어려워 난감할 수도 있는데 그럴 때는 어떻게 읽는지 발음을 물어보거나 직함에 대해서 물어보면서 자연스럽게 대화를 이끌어나갈 수 있습니다.

♦ 제가 소개해드리겠습니다.

我来介绍一下。
Wǒ lái jièshào yí xià
워 라이 찌에샤오 이 시아

♦ 이쪽은 왕하이 씨입니다.

这是王海先生。
Zhè shì Wáng Hǎi xiānsheng
쩌 스 왕 하이 시엔셩

♦ 서로 인사 나누세요.

你们互相认识一下吧。
Nǐmen hùxiāng rènshi yí xià ba
니먼 후시앙 런스 이 시아 바

♦ 처음 뵙겠습니다, 잘 부탁드립니다.

初次见面，请多多关照。
Chūcì jiànmiàn　　qǐng duōduō guānzhào
추츠 찌엔미엔　　칭 뚜어뚜어 꾸안짜오

♦ 당신이 바로 이선생이시군요, 전부터 뵙고 싶었습니다.

你就是李先生，我早就想认识你了。
Nǐ jiù shì Lǐ xiānsheng　　wǒ zǎojiù xiǎng rènshi nǐ le
니 찌우 스 리 시엔셩　　워 자오찌우 시앙 런스 니 러

♦ 만나서 반갑습니다. 이준기라고 합니다.

见到你很高兴。我叫李俊基。
Jiàn dào nǐ hěn gāoxìng　　Wǒ jiào Lǐ Jùnjī
찌엔 따오 니 흐언 까오싱　　워 찌아오 리 쮠찌

♦ 전에 어디서 만난 적이 있는 것 같군요.

好像以前我们在哪里见过面。
Hǎoxiàng yǐqián wǒmen zài nǎli jiàn guo miàn
하오시앙 이치엔 워먼 짜이 나리 찌엔 궈 미엔

자기 소개할 때

어디에서 오셨어요? / 한국에서 왔습니다. / 한국 어디요?

'제게 소개해주실 수 있으신가요?' 라고 소개를 부탁할 때는 能不能给我介绍一下？라고 합니다. 给는 전치사로 '~에게' 라는 뜻으로 '제게 소개해주세요' 라고 말하려면 请给我介绍라고 하면 됩니다. 请 대신 能不能이라고 물어본 것은 '~ 해주실 수 있나요?' 라고 상대방의 의향을 물어본 것입니다. 모르는 사람이 있을 때 他是谁？라고 하면 '그는 누구죠?' 라고 직접 물어보는 말입니다. 이때 请问, 那位先生是谁？라고 하면 보다 정중한 표현이 됩니다.

◆ 제가 먼저 제 소개를 하겠습니다.

让我先来自我介绍。
Ràng wǒ xiān lái zìwǒjièshào
랑 워 시엔 라이 쯔워찌에샤오

◆ 제 소개를 하겠습니다.

我来介绍一下我自己。
Wǒ lái jièshào yí xià wǒ zìjǐ
워 라이 찌에샤오 이 시아 워 쯔지

◆ 안녕하세요, 제 이름은 이준기입니다.

你们好，我叫李俊基。
Nǐmen hǎo　　wǒ jiào Lǐ Jùnjī
니먼 하오　　워 찌아오 리 쮠찌

◆ 저는 한국에서 온 이준기입니다.

我是从韩国来的李俊基。
Wǒ shì cóng Hánguó lái de Lǐ Jùnjī
워 스 총 한구어 라이 더 리 쮠찌

◆ 저는 출장왔습니다.

我是来出差的。
Wǒ shì lái chūchāi de
워 스 라이 추차이 더

◆ 저는 무역회사에서 영업을 하고 있습니다.

我在贸易公司担任营销工作。
Wǒ zài màoyì gōngsī dānrèn yíngxiāo gōngzuò
워 짜이 마오이 꽁쓰 딴런 잉시아오 꽁쭈어

◆ 저는 중국에 처음 왔습니다.

我第一次来到中国。
Wǒ dì yī cì lái dào Zhōngguó
워 띠 이 츠 라이 따오 쫑구어

가족소개와 이름을 물을 때

이건 제 명함입니다. / 감사합니다. 제 것도 있습니다. / 앞으로 우리 자주 연락합시다.

서로 모르는 사람을 만났을 때 상대방에게 '성함이 어떻게 되십니까?' 라고 물어보려면 您贵姓? 또는 怎么称呼您? 이라고 물어봅니다. 你叫什么名字 ? 라는 말은 '당신의 이름이 뭔가요?' 라는 뜻으로 상대방이 연배가 낮을 때 쓸 수 있습니다. 대답으로는 我姓~ '제 성은 ~ 입니다' 我叫 ~ '제 이름은 ~입니다' 在 ~ 工作 '~ 에서 일합니다' 라고 성이나 이름, 소속을 알려줍니다.

♦ 이 사람이 아내(남편)입니다.

这是我爱人。
Zhè shì wǒ àiren
쩌 스 워 아리런

♦ 형입니다. 지금 은행에서 일하고 있습니다.

这是我哥哥。他在银行工作。
Zhè shì wǒ gēge tā　Zài yínháng gōngzuò
쩌 스 워 끄어그어 타　짜이 인항 꽁쭈어

♦ 이쪽은 남편입니다. 지금 장사를 하고 있습니다.

这是我丈夫。他是做生意的。
Zhè shì wǒ zhàngfu　Tā shì zuò shēngyi de
쩌 스 워 짱푸　타 스 쭈어 셩이 더

♦ 말씀 좀 여쭐게요, 왕선생 되시나요?

请问，你是王先生吗？
Qǐng wèn　nǐ shì Wáng xiānsheng ma
칭원　니 스 왕 시엔셩 마

♦ 성함이 어떻게 되시죠?

您贵姓？
Nín guì xìng
닌 꾸에이 싱

♦ 제가 어떻게 불러야 할까요?(이름을 물어보는 말)

我该怎么称呼你呢？
Wǒ gāi zěnme chēnghu nǐ ne
워 까이 전머 청후 니 너

♦ 성함을 여기에 적어 주세요.

请在这里写下您的大名。
Qǐng zài zhèli xiěxià nín de dàmíng
칭 짜이 쩌리 시에시아 닌 더 따밍

오랜만에 만났을 때

好久没见了。日子过得怎么样?
Hǎo jiǔ méi jiàn le　Rìzi guò de zěnmeyàng
하오 지우 메이 찌엔 러　르즈 꾸어 더 전머양

你一点儿也没变。
Nǐ yì diǎnr yě méi biàn
니 이 디알 이에 메이 삐엔

托你的福，我过得很好。
Tuō nǐ de fú　wǒ guò de hěn hǎo
투어 니 더 푸　워 꾸어 더 흐언 하오

야, 오랫동안 만나지 못했군요. 잘 지내셨습니까? / 덕분에 잘 지냈습니다. / 하나도 안 변하셨네요.

아는 사람을 오랜만에 만났을 때 건네는 표현입니다. 여기서 好는 '좋다'는 뜻이 아니라 정도를 나타내는 표현으로 很과 같습니다. '아주 오랫동안 만나지 못했다'라고 직역할 수 있는 이 표현은 好久没见了라고 하기도 합니다. '1년 만에 뵙네요'라고 하려면 我们都一年没见面了라고 합니다. '당신을 다시 만나 반갑습니다'라고 하려면 很高兴再次见到你라고 합니다.

◆ 오랜만이군요.

好久不见了。
Hǎo jiǔ bú jiàn le
하오 지우 부 찌엔 러

◆ 우리 몇 년 동안 못 만났죠.

我们好几年没见面了。
Wǒmen hǎo jǐ nián méi jiànmiàn le
워먼 하오 지 니엔 메이 찌엔미엔 러

◆ 요즘 어떻게 지내세요?

最近过得怎么样?
Zuìjìn guò de zěnmeyàng
쭈에이찐 꾸어 더 전머양

◆ 잘 지냈습니다. 당신은요?

我很好, 你呢?
Wǒ hěn haǒ   nǐ ne
워 흐언 하오   니 너

◆ 야, 이게 누구야?

哟, 这是谁啊?
Yō   zhè shì shéi a
요   쩌 스 세이 아

◆ 이곳에서 만나게 될 줄 몰랐어요.

真没想到在这儿遇到你。
Zhēn méi xiǎng dào zài zhèr yùdào nǐ
쩐 메이 시앙 따오 짜이 쩌얼 위따오 니

◆ 세상 참 좁네요.

这世界太小了。
Zhè shìjiè tài xiǎo le
쩌 스찌에 타이 시아오 러

06 헤어질 때의 인사

办好了。谢谢你来送我。
Bàn hǎo le Xièxie nǐ lái sòng wǒ
빤 하오 러   시에시에 니 라이 쏭 워

不客气。祝你一路平安!
Bú kèqi Zhù nǐ yílùpíng'ān
부 크어치 쭈 니 이루핑안

手续都办好了吗?
Shǒuxù dōu bàn hǎo le ma
셔우쉬 떠우 빤 하오 러 마

수속은 다 끝났어요? / 끝났어요. 배웅해 주셔서 고마워요. / 천만에요. 편안한 여행 되세요!

再见은 '다시 만나자'는 뜻이지만 우리말의 '안녕!'과 같이 헤어질 때 하는 인사말입니다. 다시 만날 시간이 약속된 경우라면 '내일 봐요!', '잠시 후에 봐요!' 즉 明天见!, 回头见!처럼 다시 만날 시간 뒤에 '만나다'라는 뜻의 동사 见을 붙입니다. 젊은 사람들은 영어의 'bye-bye'를 음역한 拜拜라고 인사하기도 합니다. 대답은 상대방과 똑같이 再见, 明天见, 拜拜로 하면 됩니다.

◆ 안녕히 가세요(계세요).

再见。
Zàijiàn
짜이찌엔

◆ 내일 봐요.

明天见。
Míngtiān jiàn
밍티엔 찌엔

◆ 그럼, 나중에 봐요.

那么，下次见。
Nàme　　xiàcì jiàn
나머　　시아츠 찌엔

◆ 조심해서 가세요.

请慢走。
Qǐng mànzǒu
칭 만저우

◆ 시간이 늦었군요, 이만 가보겠습니다.

时间不早了，我该告辞了。
Shíjiān bù zǎo le　　wǒ gāi gàocí le
스찌엔 뿌 자오 러　　워 까이 까오츠 러

◆ 모두에게 안부 전해 주세요.

请向大家问好。
Qǐng xiàng dàjiā wènhǎo
칭 시앙 따찌아 원하오

◆ 몸조심하세요.

请多多保重。
Qǐng duōduō bǎozhòng
칭 뚜어뚜어 바오쫑

감사의 표현

이렇게 많이 도와주셔서 고맙습니다. / 아닙니다. 제가 해야 할 일인걸요. / 조만간 다시 뵐 수 있길 바랍니다.

상대의 행위나 배려에 고마움을 표현할 때는 보통 谢谢, 또는 강조하여 非常谢谢라고 합니다. 만약 상대방으로부터 감사하다는 인사를 받았을 때는 不客气라고 하거나 不用谢, 别谢라고 말합시다. 중국인은 선물을 주고받는 것을 무척 좋아합니다. 만약 여러분이 중국인을 만날 기회가 있다면 선물을 준비해두는 것도 빨리 친해지는 한 방법이 될 겁니다.

◆ 고맙습니다.

谢谢。
Xièxie
시에시에

◆ 정말 감사합니다.

太感谢你了。
Tài gǎnxiè nǐ le
타이 간시에 니 러

◆ 도와주셔서 감사합니다.

谢谢你的帮助。
Xièxie nǐ de bāngzhù
시에시에 니 더 빵쭈

◆ 배려해주셔서 고맙습니다.

谢谢你的关照。
Xièxie nǐ de guānzhào
시에시에 니 더 꾸안짜오

◆ 뭐라고 감사드려야 할지 모르겠네요.

不知道该怎么感谢你才好。
Bù zhīdao gāi zěnme gǎnxiè nǐ cái hǎo
뿌 쯔다오 까이 전머 간시에 니 차이 하오

◆ 천만에요.

不客气。
Bú kèqi
부 크어치

◆ 괜찮아요.

不用谢。
Búyòng xiè
부용 시에

08 사과할 때

对不起，让你久等了。
Duì bu qǐ　ràng nǐ jiǔ děng le
뚜에이 부 치　랑 니 지우 덩 러

没事儿，我也刚到的。
Méishìr　wǒ yě gāng dào de
메이 슬　워 이에 깡 따오 더

公司有急事儿，请原谅。
Gōngsī yǒu jíshìr　qǐng yuánliàng
꽁쓰 여우 지슬　칭 위엔리앙

미안합니다, 오래 기다리셨죠. / 괜찮아요, 저도 방금 왔어요. / 회사에 급한 일이 있어서요, 양해해주십시오.

상대방에게 실수를 하거나 잘못을 했을 때 우선 정중하게 사과를 하고 용서를 구하는 것이 도리입니다. 사과나 사죄를 할 때 对不起 등의 표현 외에도 抱歉, 过意不去, 不好意思 등도 많이 쓰입니다. 「사과드립니다」라고 할 때는 我想您道歉라고 하며, 용서를 구할 때는 请您原谅我라고 합니다.

◆ 미안합니다.

对不起。
Duì bu qǐ
뚜에이 부 치

◆ 죄송합니다.

抱歉。
Bàoqiàn
빠오치엔

◆ 정말 미안합니다.

真不好意思。
Zhēn bù hǎo yìsi
쩐 뿌 하오 이쓰

◆ 양해해 주십시오.

请原谅。
Qǐng yuánliàng
칭 위엔리앙

◆ 괜찮습니다.

没关系。
Méi guānxi
메이 꾸안시

◆ 괜찮아요.

不要紧。
Búyàojǐn
부야오진

◆ 괜찮아요.

没事儿。
Méishìr
메이슬

부탁할 때

请你帮我一件事，好吗？
Qǐng nǐ bāng wǒ yí jiàn shì　hǎo ma
칭 니 빵 워 이 찌엔 스　　하오 마

我想给中国朋友写信。
Wǒ xiǎng gěi Zhōngguó péngyou xiě xìn
워 시앙 게이 쭝구어 펑여우 시에 신

好的。什么事？
Hǎode　Shénme shì
하오더　션머 스

좀 부탁드리고 싶은데, 괜찮으세요? / 네. 무슨 일이죠? / 중국 친구에게 편지 쓰고 싶어요.

상대방에게 길을 묻거나 부탁할 때 문장 앞에 请이나 麻烦你를 붙여 주면 정중한 표현이 됩니다. 请은 '~ 해 주세요', 麻烦은 '번거롭다, 귀찮다'의 뜻입니다. 또 문장 끝에 好吗?, 好不好?를 붙여 상대방의 의향을 물어볼 수도 있습니다. 예를 들어 请告诉我邮局在哪里, 好吗? 는 '우체국이 어디에 있는지 알려주시겠어요?', 请把报纸借我看, 好吗? 는 '신문을 빌려주시면 안 될까요?' 라고 부탁하는 표현입니다.

◆ 　　　말씀 좀 여쭐게요.

请问一下。
Qǐn wèn yí xià
칭 원 이 시아

◆ 　　　소개해주세요.

请介绍一下。
Qǐng jièshào yí xià
칭 찌에샤오 이 시아

◆ 　　　저 좀 도와주시겠어요?

请帮我一个忙, 好吗?
Qǐng bāng wǒ yí ge máng　hǎo ma
칭 빵 워 이 거 망　　　　하오 마

◆ 　　　잠깐 실례해도 될까요?

可以打扰你一下吗?
Kěyǐ dǎrǎo nǐ yí xià ma
크어이 다라오 니 이 시아 마

◆ 　　　한 가지 부탁하고 싶은데 괜찮으세요?

我想拜托你一件事, 可以吗?
Wǒ xiǎng bàituō nǐ yí jiàn shì　　kěyǐ ma
워 시앙 빠이투어 니 이 찌엔 스　　크어이 마

◆ 　　　이것을 보여주세요.

请给我看看这个。
Qǐng gěi wǒ kànkan zhè ge
칭 게이 워 칸칸 쩌 거

◆ 　　　고맙습니다, 폐가 많았어요.

谢谢, 麻烦你了。
Xièxie　　máfan nǐ le
시에시에　마판 니 러

축하할 때

我们就要结婚了。
Wǒmen jiù yào jiéhūn le
워먼 찌우 야오 지에훈 러

谢谢。请参加我们的婚礼。
Xièxie Qǐng cānjiā wǒmen de hūnlǐ
시에시에 칭 찬찌아 워먼 더 훈리

恭喜你们。
Gōngxǐ nǐmen
꽁시 니먼

저희 곧 결혼해요. / 축하합니다. / 고맙습니다. 저희 결혼식에 와주세요.

상대방을 축하할 때는 보통 祝贺你라고 합니다. 또한 축하할 일에 있으면 문장 앞에 祝를 자주 붙여 사용하며, 이 祝은 「축하한다」는 의미와 「~하기를 기원한다」라는 의미를 나타냅니다. 또한 恭喜라는 표현도 많이 사용하는데, 이 표현은 중첩하여 恭喜恭喜로 더 많이 사용합니다. 새해나 명절에 쓰이는 표현은 관용화되어 있으므로 잘 익혀둡시다.

◆ 축하드립니다.

祝贺你。
Zhùhè nǐ
쭈흐어 니

◆ 축하합니다.

恭喜恭喜。
Gōngxi gōngxi
꽁시 꽁시

◆ 취업을 축하합니다.

恭喜你找到工作了。
Gōngxǐ nǐ zhǎo dào gōngzuò le
꽁시 니 자오 따오 꽁쭈어 러

◆ 모든 것이 순조롭길 빕니다!

祝你一切顺利！
Zhù nǐ yíqiè shùnlì
쭈 니 이치에 순리

◆ 행운을 빌어요!

祝你好运！
zhù nǐ hǎoyùn
쭈 니 하오윈

◆ 건강하세요!

祝你身体健康！
Zhù nǐ shēntǐ jiànkāng
쭈 니 션티 찌엔캉

◆ 일이 순조롭길 빌어요!

祝你工作顺利！
Zhù nǐ gōngzuò shùnlì
쭈 니 꽁쭈어 순리

맞장구를 칠 때

저 복권에 당첨됐어요. / 농담하지 마. / 정말이에요.

상대방이 한 말에 동의하는 표현 가운데 '맞는 말씀이세요'라고 하려면 **你说得 有道理** 또는 **你说得对**라고 합니다. 여기서 **得**는 정도보어로 동사 뒤에 쓰여서 동사의 정도를 나타내줍니다. **道理**는 '도리'나 '이치'를 말하는데 **有道理**라고 하면 '일리가 있다'는 뜻입니다.

◆ 정말입니까?

真的吗?
Zhēnde ma
쩐더 마

◆ 그렇습니다.

是啊。
Shì a
스 아

◆ 네, 그렇습니다.

对，是这样。
Duì shì zhèyàng
뚜에이 스 쩌양

◆ 어떻게 그럴 수가.

怎么可能呢。
Zěnme kěnéng ne
전머 크어넝 너

◆ 물론이죠.

那当然。
Nà dāngrán
나 땅란

◆ 저도 그렇게 생각합니다.

我也这么想。
Wǒ yě zhème xiǎng
워 이에 쩌머 시앙

◆ 일리 있는 말씀이세요.

你说得有道理。
Nǐ shuō de yǒu dàoli
니 수어 더 여우 따오리

99

알아듣지 못했을 때

미안합니다. 뭐라고 했습니까? / 다시 한 번 말할까요? / 다시 설명해 주세요.

没听清楚는 소리가 안 들리거나 주의를 집중하지 않아서 '잘 못 들었다' 라는 의미고 没听懂은 듣기는 했는데 무슨 의미인지 '알아듣지 못했다' 라는 의미입니다. 긍정형은 각각 听清楚와 听懂입니다. 따라서 상대방에게 '잘 들었어요?' 라고 물어보려면 听清楚了吗?, 이해했는지 물어보려면 听懂了吗？ 또는 明白了吗？라고 합니다.

◆ 방금 뭐라고 하셨어요?

你刚才说什么？
Nǐ gāngcái shuō shénme
니 깡차이 수어 션머

◆ 미안합니다, 잘 못 들었습니다.

不好意思，我没听清楚。
Bù hǎo yìsi　　wǒ méi tīng qīngchu
뿌 하오 이쓰　　워 메이 팅 칭추

◆ 당신이 한 말을 모르겠어요.

我没听懂你说的话。
Wǒ méi tīng dǒng nǐ shuō de huà
워 메이 팅 동 니 수어 더 후아

◆ 무슨 뜻인지 잘 모르겠습니다.

我不明白你说的是什么意思。
Wǒ bù míngbái nǐ shuō de shì shénme yìsi
워 뿌 밍바이 니 수어 더 스 션머 이쓰

◆ 다시 한 번 말해 주세요.

请你再说一遍。
Qǐng nǐ zài shuō yí biàn
칭 니 짜이 수어 이 삐엔

◆ 좀 천천히 말해 주세요.

请慢点儿说。
Qǐng màn diǎnr shuō
칭 만 디알 수어

◆ 여기에 써주세요.

请在这里写一下。
Qǐng zài zhèli xiě yí xià
칭 짜이 쩌리 시에 이 시아

13 기쁨·칭찬의 표현

你汉语说得真流利。
Nǐ Hànyǔ shuō de zhēn liúlì
니 한위 수어 더 쩐 리우리

哪儿啊，还差得远呢。
Nǎr a   hái chà de yuǎn ne
나알 아   하이 차 더 위엔 너

你太谦虚了。
Nǐ tài qiānxū le
니 타이 치엔쉬 러

중국어를 참 잘하시네요. / 아닙니다, 많이 부족한걸요. / 너무 겸손하세요.

'과찬' 이란 말은 过奖 또는 夸奖이라고 합니다. 칭찬받았을 때 '과찬이십니다' 라고 말하려면 过奖, 过奖 또는 你太夸奖了라고 합니다. 또 你太抬举我了라고도 하는데 이 말은 '너무 추켜 세우시네요' 정도의 의미입니다. 抬举는 '들어 올리다' 의 뜻입니다. '칭찬해주셔서 고맙습니다' 라고 하려면 谢谢你的夸奖 또는 谢谢你的过奖이라고 합니다.

◆ 매우 기쁩니다.

我真高兴。
Wǒ zhēn gāoxìng
워 쩐 까오싱

◆ 오늘 참 즐거웠습니다.

今天真愉快。
Jīntiān zhēn yúkuài
찐티엔 쩐 위콰이

◆ 기분이 정말 좋아요.

我真是太开心了。
Wǒ zhēn shì tài kāixīn le
워 쩐 스 타이 카이신 러

◆ 당신 정말 멋져요!

你真棒!
Nǐ zhēn bàng
니 쩐 빵

◆ 당신 정말 대단하세요!

你真了不起啊!
Nǐ zhēn liǎo bu qǐ a
니 쩐 리아오 부 치 아

◆ 정말 능력 있으세요.

你真能干!
Nǐ zhēn nénggàn
니 쩐 넝깐

◆ 못하는 게 없으시군요.

你真是无所不能啊。
Nǐ zhēn shì wú suǒ bù néng a
니쩐스 우수어 뿌넝아

14. 슬픔·위로할 때

你别太失望了。
Nǐ bié tài shīwàng le
니 비에 타이 스왕 러

你别担心我。
Nǐ bié dānxīn wǒ
니 비에 딴신 워

我没关系。
Wǒ méi guānxi
워 메이 꾸안시

下次一定会成功的。
Xiàcì yídìng huì chénggōng de
시아츠 이띵 후에이 청꽁 더

너무 실망하지 말아요. / 걱정하지 말아요. 난 괜찮아요. / 다음에는 꼭 성공할 거예요.
상대방의 표정이 안 좋거나 무슨 일이 있는 것 같을 때 你怎么了？, 有什么事？ 이라고 물어봅니다. 또 상대방이 위로의 말을 건네면 '신경써줘서 고마워요', '위로해줘서 고마워요' 라고 답할 수 있는데 이럴 때는 谢谢你的关心, 谢谢你的安慰라고 합니다.

◆ 정말 안 됐군요.

真可惜。
Zhēn kěxī
쩐 크어시

◆ 정말 유감입니다.

真遗憾。
Zhēn yíhàn
쩐 이한

◆ 너무 상심하지 마세요.

你别太伤心了。
Nǐ bié tài shāngxīn le
니 비에 타이 샹신 러

◆ 그건 당신 탓이 아닙니다.

那不是你的错。
Nà bú shì nǐ de cuò
나 부 스 니 더 추어

◆ 힘내세요.

加油。
Jiāyóu
찌아여우

◆ 걱정할 필요 없어요.

你不用担心。
Nǐ bú yòng dānxīn
니 부 용 딴신

◆ 앞으로 좋은 일이 있을 거예요.

今后一定会有好运。
Jīnhòu yídìng huì yǒu hǎoyùn
찐허우 이띵 후에이 여우 하오윈

15. 불만스러울 때

哎呀，又来了。
āiyā yòu lái le
아이야 여우 라이 러

我真讨厌烟味儿。
Wǒ zhēn tǎoyàn yānwèir
워 쩐 타오이엔 이엔월

我劝你少抽点儿烟吧。
Wǒ quàn nǐ shǎo chōu diǎnr yān ba
워 취엔 니 샤오 초우 디알 이엔 바

내가 충고하는데 담배 끊으세요. / 아이고, 또 시작이네. / 담배 냄새가 정말 싫다고요.

불만이 쌓여 결국에는 불평으로 드러납니다. 우리가 흔히 사용하는 격한 불만을 강조할 때「~해 죽겠다」의 표현을 중국에서도 동일하게 사용합니다. 예를 들면「饿死了(배고파 죽겠다)」,「冷死了(추워 죽겠다)」등이 이에 해당합니다. 우리 주변에는 많은 것을 가지고도 불행한 사람이 있는가 하면, 가진 것이 없어도 행복한 사람이 있습니다. 늘 불평불만인 사람에게는 행복은 요원한 일일 것입니다.

◆ 정말 귀찮아.

真讨厌。
Zhēn táoyàn
쩐 타오이엔

◆ 열 받게 하는군.

气死我了。
Qìsǐ wǒ le
치 쓰 워 러

◆ 화내지 말아요.

请你别生气。
Qǐng nǐ bié shēngqì
칭 니 비에 셩치

◆ 정말 못 참겠어요.

我可真受不了。
Wǒ kě zhēn shòu bu liǎo
워 크어 쩐 셔우 부 리아오

◆ 또 시작이야.

又来了。
Yòu lái le
여우 라이 러

◆ 됐어, 이제 그만해.

够了, 别再说了。
Gòu le　　bié zài shuō le
꺼우 러　　비에 짜이 수어 러

◆ 나한테 무슨 불만이라도 있어요?

你对我有什么不满吗?
Nǐ duì wǒ yǒu shénme bùmǎn ma
니 뚜에이 워 여우 션머 뿌만 마

16 찬성할 때

你看我的计划怎么样?
Nǐ kàn wǒ de jìhuà zěnmeyàng
니 칸 워 더 찌후아 전머양

我觉得很好。我赞成你的看法。
Wǒ jué de hěn hǎo   Wǒ zànchéng nǐ de kànfa
워 쥐에 더 흐언 하오 워 짠청 니 더 칸파

谢谢你支持我。
Xièxie nǐ zhīchí wǒ
시에시에 니 즈츠 워

제 계획을 어떻게 보십니까? / 훌륭하다고 생각합니다. 당신의 견해에 찬성합니다. / 지지해 줘서 고맙습니다.

상대방의 동의를 구할 때 「怎么样?(어때요?)」라고 묻습니다. 이때 중국인들은 「좋다」라는 표현인 好的好的를 연발합니다. 만일 중국인과 어떤 비즈니스를 할 경우에 好的好的만 믿고 모든 일이 잘된 줄 알고 있다가는 크게 낭패를 보게 됩니다. 중국인은 입버릇처럼 하는 말이기 때문입니다. 부정할 때는 不是나 没有를 많이 사용합니다.

◆ 네, 알겠습니다.

好，知道了。
Hǎo　zhīdao le
하오　쯔다오 러

◆ 찬성입니다.

我赞成。
Wǒ zànchéng
워 짠청

◆ 당신 의견에 전적으로 동의합니다.

我完全同意你的意见。
Wǒ wánquán tóngyì nǐ de yìjiàn
워 완추엔 통이 니 더 이찌엔

◆ 정말 좋은 생각이네요.

真是个好主意啊！
Zhēn shì ge hǎo zhǔyi a
쩐 스 거 하오 주이 아

◆ 제 생각도 당신과 같아요.

我的想法也和你一样。
Wǒ de xiǎngfǎ yě hé nǐ yíyàng
워 더 시앙파 이에 흐어 니 이양

◆ 그럼 그렇게 합시다.

那就这么办吧！
Nà jiù zhème bàn bā
나 찌우 쩌머 빤 바

◆ 편한 대로 하세요.

随你便。
Suí nǐ biàn
쑤에이 니 삐엔

반대할 때

我不能赞成你的计划。
Wǒ bù néng zànchéng nǐ de jìhuà
워 뿌 넝 짠청 니 더 찌후아

我们回去商量后再告诉你。
Wǒmen huíqu shāngliáng hòu zài gàosu nǐ
워먼 후에이취 샹리앙 허우 짜이 까오쑤 니

还有什么问题吗?
Hái yǒu shénme wèntí ma
하이 여우 션머 원티 마

당신에게는 찬성할 수 없습니다. / 제 계획에 무슨 문제가 있습니까? / 좀 기다려야만 합니다.

전적으로 동의를 할 때는 完全, 很, 真 등을 사용하면 동의하는 것을 강조할 수 있습니다. 부정과 반대를 나타낼 때에는 不, 没, 没有라는 부정어구가 들어가게 되는데, 不는 의지를 나타내며, 앞으로 일어날 일에 대한 부정을 할 때 사용됩니다. 没는 과거의 일에 대한 부정과 소유에 대한 부정을 나타냅니다.

◆ 저는 반대입니다.

我反对。
Wǒ fǎnduì
워 판 뚜에이

◆ 당신의 생각에 동의할 수 없습니다.

我不同意你的看法。
Wǒ bù tóngyì nǐ de kànfǎ
워 뿌 통이 니 더 칸파

◆ 약간 곤란합니다.

这有些困难。
Zhè yǒu xiē kùnnán
쩌 여우 시에 쿤난

◆ 좀 문제가 있네요.

有点儿问题。
Yǒu diǎnr wèntí
여우 디알 원티

◆ 아마도 안 될 겁니다.

恐怕不行。
Kǒngpà bù xíng
콩파 뿌 싱

◆ 나는 당신과 생각이 다릅니다.

我和你的看法不一样。
Wǒ hé nǐ de kànfǎ bù yíyàng
워 흐어 니 더 칸파 뿌 이양

◆ 제 뜻을 잘 이해하지 못한 것 같군요.

你好像不明白我的意思。
Nǐ hǎoxiàng bù míngbái wǒ de yìsi
니 하오시앙 뿌 밍바이 우 더 이쓰

18 거절할 때

你们的要求太过分了。
Nǐmen de yāoqiú tài guòfèn le
니먼 더 야오치우 타이 꾸어펀 러

我们也没办法，请原谅。
Wǒmen yě méi bànfǎ, qǐng yuánliàng
워먼 이에 메이 빤파 칭 위엔리앙

对不起，我们不能接受。
Duì bu qǐ, wǒmen bù néng jiēshòu
뚜에이 부 치 워먼 뿌 넝 찌에셔우

당신들 요구가 너무 지나칩니다. / 우리도 어쩔 수 없습니다. 양해해주세요. / 미안합니다. 저흰 받아들일 수 없습니다.

누군가 식사에 초대하거나 모임에 참여하기를 권유했는데 다른 일이 있어서 거절해야 할 때는 먼저 真可惜啊(정말 안타깝네요), 真遗憾(유감입니다만)이라고 유감을 표시할 수 있습니다. 그리고 '일이 바빠서 시간을 낼 수 없네요'라고 하려면 工作太忙，抽不出时间了라고 합니다. 抽는 '꺼내다, 뽑다'의 뜻으로 '시간을 내다'는 抽出时间이라고 합니다.

◆ 저로서는 받아들이기 어렵군요.

我很难接受。
Wǒ hěn nán jiēshòu
워 흐언 난 지에셔우

◆ 정말 불가능합니다.

实在是不可能的。
Shízài shì bù kěnéng de
스짜이 스 뿌 크어넝 더

◆ 당신들의 요구가 약간 지나칩니다.

你们的要求有点儿过分。
Nǐmen de yāoqiú yǒu diǎnr guòfèn
니먼 더 야오치우 여우 디알 꾸어펀

◆ 생각 좀 해보겠습니다.

让我考虑考虑。
Ràng wǒ kǎolü kǎolü
랑 워 카오뤼 카오뤼

◆ 서로 조금씩 양보하도록 하죠.

双方各让一步吧。
Shuāngfāng gè ràng yí bù ba
수앙팡 끄어 랑 이 뿌 바

◆ 무슨 좋은 제안이 있습니까?

你有什么好的建议吗?
Nǐ yǒu shénme hǎo de jiànyì ma
니 여우 션머 하오 더 찌엔이 마

◆ 내일 알려 드려도 되겠습니까?

明天告诉你,好吗?
Míngtiān gàosu nǐ   hǎo ma
밍티엔 까오쑤 니   하오 마

19. 질문할 때

我可以问一下吗?
Wǒ kěyǐ wèn yí xià ma
워 크어이 원 이 시아 마

北京什么时候最漂亮?
Běijīng shénme shíhou zuì piàoliang
베이징 션머 스허우 쭈에이 피아오리앙

可以，你想问什么?
Kěyǐ　nǐ xiǎng wèn shénme
크어이　니 시앙 원 션머

질문해도 됩니까? / 하세요, 뭡니까? / 베이징은 언제 가장 아름다운가요?

실생활에서 낯선 곳에 가거나, 의문점이 생기면 사용되는 표현으로, 묻는 주제에 따라서 표현법이 다릅니다. 이유를 물을 때는 **为什么**, 방법을 물을 때는 **怎么**, 정도를 물을 때는 **多么**, 때를 물을 때는 **什么时候**, 방향·장소를 물을 때는 **哪儿** 등을 쓰며, 우리말에 육하원칙이 이에 해당합니다.

◆ 당신은 한국인인가요?

你是韩国人吗?
Nǐ shì Hánguórén ma
니 스 한구어런 마

◆ 이것은 롱징차인가요?

这是不是龙井茶?
Zhè shì bu shì lóngjǐngchá
쩌 스 부 스 롱징차

◆ 그가 한 말은 무슨 뜻이죠?

他说的话是什么意思?
Tā shuō de huà shì shénme yìsi
타 수어 더 후아 스 션머 이쓰

◆ 당신은 언제 중국에 오셨나요?

你什么时候来中国的?
Nǐ shénme shíhou lái Zhōngguó de
니 션머 스허우 라이 쫑구어 더

◆ 이것은 누구 것입니까?

这是谁的?
Zhè shì shéi de
쩌 스 세이 더

◆ 지금 우리 어디 갑니까?

现在我们去哪儿?
Xiànzài wǒmen qù nǎr
시엔짜이 워먼 취 나알

◆ 당신 이름은 어떻게 쓰나요?

你的名字怎么写?
Nǐ de míngzi zěnme xiě
니 더 밍즈 전머 시에

20 긍정할 때

请问，你是从韩国来的李先生吗?
Qǐngwèn   nǐ shì cóng Hánguó lái de Lǐ xiānshēng ma
칭원   니 스 총 한구어 라이 더 리 시엔셩 마

你好，欢迎你到中国来。
Nǐ hǎo   huānyíng nǐ dào Zhōngguó lái
니 하오   후안잉 니 따오 쫑구어 라이

是的。
Shì de
스 더

A : 말씀 좀 여쭙겠습니다. 한국에서 오신 이선생이신가요? / 네. / 안녕하세요, 중국에 오신 것을 환영합니다.

우리말로 '네' 라고 대답해야 할 때 사전적인 의미만 떠올리면 是라고 말하게 됩니다. 실제로 중국어를 배우는 한국 학생 들 가운데 是를 필요 이상 많이 쓰는 경향이 많습니다. 긍정의 뜻으로 '네, 그래요' 라고 대답하려면 감탄사 嗯만 쓸 수도 있고 好, 好的, 是的, 对, 可以 를 적절하게 쓸 수 있습니다.

116

♦ 그렇습니다.

是的。
Shì de
스 더

♦ 맞습니다.

没错。
Méicuò
메이추어

♦ 저도 그렇게 생각합니다.

我也这么想。
Wǒ yě zhème xiǎng
워 이에 쩌머 시앙

♦ 일리 있는 말씀입니다.

你说得有道理。
Nǐ shuō de yǒu dàoli
니 수어 더 여우 따오리

♦ 네, 그래요.

对，是这样。
Duì shì zhèyàng
뚜에이 스 쩌양

♦ 누가 아니래요.

可不是嘛。
Kěbushì ma
크어부스 마

♦ 그렇긴 하죠.

说得也是。
Shuō de yě shì
수어 더 이에 스

21. 부정할 때

我们下班后去喝一杯怎么样?
Wǒmen xiàbān hòu qù hē yì bēi zěnmeyàng
워먼 시아빤 허우 취 흐어 이 뻬이 전머양

不行，晚上约了人吃饭。
Bù xíng　wǎnshang yuē le rén chī fàn
뿌 싱　완샹 위에 러 런 츠 판

那太可惜了。
Nà tài kěxī le
나 타이 크어시 러

우리 퇴근 후 한잔하는 거 어때? / 안 돼, 저녁약속이 있어. / 그것 참 아깝군.

不와 没有는 모두 부정을 나타내는데 약간 차이점이 있습니다. 우선 没有는 不의 과거형으로 과거에 일어난 일을 부정할 때 가장 많이 쓰입니다. '아침 드셨어요?' 라고 묻는 말 你吃早饭了吗？에 대해 긍정형은 吃了입니다. 이 말을 부정하면 没有吃가 됩니다. 즉 不를 没有로 바꾸고 완료를 나타내는 조사 了를 생략합니다. 이때 有를 생략하고 没吃라고 해도 됩니다. 그런데 我不吃早饭이라고 하면 '나는 아침을 안 먹어요' 라는 뜻으로 주관적인 의지가 들어간 표현이 됩니다.

◆ 아니오.

不是。
Búshì
부스

◆ 그렇지 않습니다.

不是那样的。
Búshì nàyàng de
부스 나양 더

◆ 그건 안 됩니다.

那可不行。
Nà kě bù xíng
나 크어 뿌 싱

◆ 아니오, 다릅니다.

不，不一样。
Bù　bù yíyàng
뿌　뿌 이양

◆ 그다지 좋은 것 같지 않습니다.

我觉得不怎么样。
Wǒ jué de bù zěnmeyàng
워 쥐에 더 뿌 전머양

◆ 제 생각에 틀린 것 같습니다.

我觉得不对。
Wǒ jué de bú duì
워 쥐에 더 부 뚜에이

◆ 그럴 리가요.

不会吧。
Bú huì ba
부 후에이 바

Part 03
기본표현

01 아는 사람을 우연히 만났을 때

A 金先生，你好。
Jīn xiānsheng nǐ hǎo
찐 시엔셩 니 하오

B 哟，王先生好，你要出去啊？
Yo Wáng xiānsheng hǎo nǐ yào chūqu a
요 왕 시엔셩 하오 니 야오 추취 아

A 嗯，有点儿事。你挺忙的吧。
Ng yǒu diǎnr shì Nǐ tǐng máng de ba
으엉 여우 디알 스 니 팅 망 더 바

B 还好，还好。
Hái hǎo hái hǎo
하이 하오 하이 하오

A : 김선생님, 안녕하세요.
B : 아, 왕선생님 안녕하세요, 외출하세요?
A : 네, 일이 있어서요. 많이 바쁘시죠?
B : 괜찮습니다.

◆ 시아오황, 외출해요?

小黄，你出去呀？
Xiǎohuáng nǐ chūqu ya
시아오후앙 니 추취 야　　　　　　　　＊出去 나가다, 외출하다

◆ 무슨 일로 가세요?

你干嘛去啊？
Nǐ gànmá qù a
니 깐마 취 아　　　＊干嘛 왜, 무엇 때문에 (为什么보다 구어체의 표현)

◆ 이런! 우리 또 만났네요.

唷！我们又见面了。
Yo wǒmen yòu jiànmiàn le
요 워먼 여우 찌엔미엔 러　＊唷 앗, 아니 (놀라거나 의문이 생겼을 때의 감탄사)

◆ 오늘 날씨 좋네요!

今天天气不错啊！
Jīntiān tiānqì búcuò a
찐티엔 티엔치 부추어 아

◆ 잘 지내셨어요?

你好吗？
Nǐ hǎo ma
니 하오 마　　　　　　＊你好吗 안부를 묻는 뜻이 포함된 인사말

◆ 건강은 어떠세요?

觉得身体怎么样？
Jué de shēntǐ zěnmeyàng
쥐에 더 션티 전머양

02. 모르는 사람에게 말을 걸 때

你有什么事要帮忙吗?
Nǐ yǒu shénme shì yào bāngmáng ma
제가 도와드릴 일이 있나요?

A 请问，这里是营业部吗?
Qǐng wèn zhèli shì yíngyèbù ma
칭 원   쩌리 스 잉이에뿌 마

B 是的。你有什么事?
Shì de   Nǐ yǒu shénme shì
스 더   니 여우 션머 스

A 我姓刘，想见总经理。
Wǒ xìng liú   xiǎng jiàn zǒngjīnglǐ
워 싱 리우   시앙 찌엔 종찡리

B 请进。
Qǐng jìn
칭 찐

A : 말씀 좀 여쭐게요, 여기가 영업부인가요?
B : 네. 무슨 일로 오셨나요?
A : 제 성은 리우인데 사장님을 뵙고 싶습니다.
B : 들어오세요.

◆ 왜 그러세요?

你怎么了？
Nǐ zěnme le
니 전머 러

◆ 제가 도와드릴까요?

我来帮你好不好？
Wǒ lái bāng nǐ hǎo bu hǎo
워 라이 빵 니 하오 부 하오

* 帮+사람 : ~을 도와주다

◆ 미안하지만 잠시 물어봐도 되겠습니까?

劳驾，可以向你打听一下吗？
Láojià　　kěyǐ xiàng nǐ dǎtīng yí xià ma
라오찌아　크어이 시앙 니 다팅 이 시아 마

◆ 말씀 좀 여쭐게요, 지금 몇 시죠?

请问，现在几点？
Qǐng wèn　xiànzài jǐ diǎn
칭 원　　시엔짜이 지 디엔

◆ 번거로우시겠지만 잠깐 도와주시겠어요?

麻烦你帮一下忙好吗？
Máfan nǐ bāng yí xià máng hǎo ma
마판 니 빵 이 시아 망 하오 마

◆ 선생님, 물건이 떨어졌어요.

先生，东西掉了。
Xiānsheng　dōngxi diào le
시엔성　　똥시 띠아오 러

03 집에 초대할 때

A　到我家坐一会儿吧。
　　Dào wǒjiā zuò yí huìr ba
　　따오 워 지아 쭈어 이 후얼 바

B　时间不早了。
　　Shíjiān bù zǎo le
　　스찌엔 뿌 자오 러

A　没关系，来喝杯茶吧。
　　Méi guānxi　　lái hē bēi chá ba
　　메이 꾸안시　　라이 흐어 뻬이 차 바

B　那就打扰你了。
　　Nà jiù dǎrǎo nǐ le
　　나 찌우 다라오 니 러

　　A : 저희 집에 잠깐 들르시죠.
　　B : 시간이 늦었어요.
　　A : 괜찮습니다. 와서 차 한 잔 드세요.
　　B : 그러면 실례하겠습니다.

◆ 일요일에 우리 집에 오세요.

星期天到我家来做客吧。
Xīngqītiān dào wǒ jiā lái zuòkè ba
싱치티엔 따오 워 찌아 라이 쭈어크어 바　　＊做客 방문하다, 손님이 되다

◆ 우리 집에 잠시 들렀다가세요.

到我家坐一会儿吧。
Dào wǒ jiā zuò yí huìr ba
따오 워 찌아 쭈어 이 후얼 바

◆ 내일 모임이 있으니 놀러 오세요.

明天有聚会，请你来玩。
Míngtiān yǒu jùhuì　qǐng nǐ lái wán
밍티엔 여우 쮜후에이　칭 니 라이 완

◆ 가는 길에 내가 있는 곳에 들렀다 가세요.

顺便到我那里坐坐吧。
Shùnbiàn dào wǒ nàli zuòzuo ba
순삐엔 따오 워 나리 쭈어쭈어 바　　＊顺便 ~하는 김에

◆ 언제 시간 나면 놀러 오세요.

什么时候有空，请来玩儿吧。
Shénme shíhou yǒu kòng　qǐng lái wánr ba
션머 스허우 여우 콩　칭 라이 와알 바

◆ 저희 새집으로 이사했어요, 시간 나면 건너오세요.

我们搬了新家，有空请过来吧。
Wǒmen bān le xīnjiā　yǒu kòng qǐng guòlai ba
워먼 빤 러 신찌아　여우 콩 칭 꾸어라이 바　　＊搬家 이사하다

04 손님을 맞이할 때

欢迎，欢迎!
Huānyíng huānyíng
어서 오세요!

A 金先生在吗？
Jīn xiānsheng zài ma
찐 시엔셩 짜이 마

B 请进，欢迎您的光临！
Qǐng jìn　huānyíng nín de guānglín
칭 찐　후안잉 닌 더 꾸앙린

A 我来晚了，让你久等了。
Wǒ lái wǎn le　ràng nǐ jiǔ děng le
워 라이 완 러　랑 니 지우 덩 러

B 哪里的话，你来得正好。
Nǎli de huà　nǐ lái de zhèng hǎo
나리 더 후아　니 라이 더 쩡 하오

A : 김선생님 계신가요?

B : 들어오세요, 방문을 환영합니다!

A : 제가 늦었습니다. 오래 기다리셨죠.

B : 아닙니다, 딱 맞게 오셨습니다.

◆ 오셨어요, 어서 오세요.

你来了，欢迎欢迎。
Nǐ lái le　　huānyíng huānyíng
니 라이 러　　후안잉 후안잉

◆ 어서 오십시오!

欢迎光临!
Huānyíng guānglín
후안잉 꾸앙린

◆ 어서 들어오세요.

快请进。
Kuài qǐng jìn
쿠아이 칭 찐

◆ 어서 오세요! 기다리고 있었습니다.

欢迎! 我正等着你呢。
Huānyíng　wǒ zhèng děng zhe nǐ ne
후안잉　　워 쩡 덩 저 니 너

*着 동사 뒤에서 동작이나 상태의 지속을 나타내는 동태조사

◆ 들어오세요, 오신 것을 환영합니다!

请进，欢迎您的光临!
Qǐng jìn　　huānyíng nín de guānglín
칭 찐　　후안잉 닌 더 꾸앙린

◆ 이제 오세요, 한참동안 기다렸어요.

你才来啊，等你好半天了。
Nǐ cái lái a　　děng nǐ hǎo bàntiān le
니 차이 라이 아　　덩 니 하오 빤티엔 러

*半天 한나절, 한참 동안

05. 손님께 권하는 말

请随便一点儿。
Qǐng suíbiàn yì diǎnr
편하게 계세요.

A 都是熟人，随便点儿吧。
　 Dōu shì shúrén　suíbiàn diǎnr ba
　 떠우 스 수런　쑤에이삐엔 디알 바

B 好，谢谢！
　 Hǎo　xièxie
　 하오　시에시에

A 如果热的话，就把上衣脱了吧。
　 Rúguǒ rè de huà　jiù bǎ shàngyī tuō le ba
　 루구어 르어더 후아　찌우 바 샹이 투어 러 바

B 好，那我就不客气了。
　 Hǎo　nà wǒ jiù bú kèqi le
　 하오　나 워 찌우 부 크어치 러

A : 모두 아는 사람이니까 편하게 계세요.
B : 감사합니다.
A : 더우면 겉옷을 벗으십시오.
B : 그럼, 편하게 그리 하겠습니다.

◆ 저희 집에서는 편히 계셔도 됩니다.

到我们家不用客气。
Dào wǒmen jiā bú yòng kèqi
따오 워먼 찌아 부 용 크어치

*客气 예의 바르다, 사양하다

◆ 너무 어려워하지 마세요.

请不要客气。
Qǐng bú yào kèqi
칭 부 야오 크어치

◆ 날씨가 더운데 겉옷은 벗어요.

天气热，请把外套脱了吧。
Tiānqì rè　　qǐng bǎ wàitào tuō le ba
티엔치 르어　　칭 바 와이타오 투어 러 바

*外套 외투

◆ 편하게 앉으세요

请随便坐。
Qǐng suíbiàn zuò
칭 쑤에이삐엔 쭈어

*随便 마음대로, 자유롭게

◆ 격식 차리지 말고 편하게 하세요.

不要客气，请随便一点吧。
Bú yào kèqi　　qǐng suíbiàn yì diǎn ba
부 야오 크어치　　칭 쑤에이삐엔 이 디엔 바

◆ 덥나요? 옷도 편하게 하고 계세요.

热不热？宽宽衣，轻松点儿吧。
Rè bu rè　　Kuānkuānyī　　qīngsōng diǎnr ba
르어 부 르어　　쿠안쿠안이　　칭쏭 디알 바

*轻松 수월하다, 마음이 가볍다

06. 손님께 음료를 권할 때

请喝茶。
Qǐng hē chá
차 드세요.

A 你喝点儿什么饮料吗?
　　Nǐ hē diǎnr shénme yǐnliào ma
　　니 흐어 디알 션머 인리아오 마

B 好，我有点儿渴了。有凉的吗?
　　Hǎo　wǒ yǒu diǎnr kě le　　Yǒu liáng de ma
　　하오　워 여우 디알 크어 러　　여우 리앙 더 마

A 啤酒和果汁，你喜欢哪一种?
　　Píjiǔ hé guǒzhī　　nǐ xǐhuān nǎ yì zhǒng
　　피지우 흐어 구어즈　　니 시후안 나 이 종

B 那，我喝果汁吧。
　　Nà　wǒ hē guǒzhī ba
　　나　워 흐어 구어즈 바

　　A : 음료수 드시겠어요?
　　B : 네, 약간 목이 타네요. 시원한 것 있나요?
　　A : 맥주하고 주스가 있어요. 어떤 것이 좋으세요?
　　B : 그러면 주스 마실게요.

◆ 우롱차입니다. 드셔보세요!

这是乌龙茶，请用吧！
Zhè shì wūlóngchá　　qǐng yòng ba
쩌 스 우롱차　　　　　칭 용 바　　*请用 드세요 请吃 혹은 请喝의 높임말

◆ 무엇을 드시겠어요?

您喝什么？
Nín hē shénme
닌 흐어 션머

◆ 어떤 차를 좋아하세요?

你喜欢喝什么茶？
Nǐ xǐhuan hē shénme chá
니 시후안 흐어 션머 차

◆ 자, 차 한잔 마시고 잠시 쉬세요.

来，喝杯茶，休息一会儿。
Lái　　hē bēi chá　　xiūxi yí huìr
라이　 흐어 뻬이 차　 시우시 이 후얼

◆ 맥주 마시면 어때요?

喝点儿啤酒怎么样？
Hē diǎnr píjiǔ zěnmeyàng
흐어 디알 피지우 전머양

*点儿 조금, 약간(一点儿에서 '一'를 생략한 형태)

◆ 따뜻한 걸로 드릴까요, 시원한 걸로 드릴까요?

你要喝热的还是凉的？
Nǐ yào hē rè de háishì liáng de
니 야오 흐어 르어더 하이스 리앙 더

손님께 음식을 권할 때

请吃吧!
Qǐng chī ba
드세요!

A 这道菜很好吃，你尝尝看。
Zhè dào cài hěn hǎochī   nǐ chángchang kàn
쩌 따오 차이 흐언 하오츠   니 창창 칸

B 我吃了，非常好吃。
Wǒ chī le   fēicháng hǎo chī
워 츠 러   페이창 하오츠

A 那么，请多吃一点。
Nàme   qǐng duō chī yì diǎn
나머   칭 뚜어 츠 이 디엔

B 谢谢，我已经吃得不少了。
Xièxie   wǒ yǐjīng chī de bù shǎo le
시에시에   워 이찡 츠 더 뿌 샤오 러

A : 이 요리가 맛있어요, 드셔보세요.

B : 먹었습니다. 아주 맛있네요.

A : 그러면 더 드세요.

B : 고맙습니다. 벌써 많이 먹었는걸요.

◆ 자, 사양하지 마세요.

来，请不要客气。
Lái　qǐng bú yào kèqi
라이　칭 부야오 크어치

◆ 뜨거울 때 드세요!

请趁热吃吧！
Qǐng chèn rè chī ba
칭 천 르어 츠 바　　　　　　　　＊趁 ~한 때를 틈타서, 이용해서

◆ 드세요, 사양하지 마시고.

请用，别客气。
Qǐng yòng　bié kèqi
칭 용　　비에 크어치　　　　＊别는 不要와 같이 '~하지 마세요'의 뜻

◆ 마음껏 드세요.

请尽量吃吧。
Qǐng jìnliàng chī ba
칭 찐리앙 츠 바　　　　　　　　＊尽量 양껏, 최대한

◆ 중국음식이 입에 맞으세요?

中国菜合你的胃口吗？
Zhōngguócài hé nǐ de wèikǒu ma
쫑구어차이 흐어 니 더 웨이커우 마　　　　＊合 ~ 胃口 입맛에 맞다

◆ 못 드시겠으면 남겨도 괜찮아요.

吃不惯，剩下没关系。
Chī bu guàn　shèng xià méiguānxi
츠 부 꾸안　　성 시아 메이 꾸안시

＊吃不惯 (습관이 안 되어) 먹지 못하다. 음식이 낯설어 먹지 못할 때 쓰는 표현

08 자리에서 일어날 때

我该走了。
Wǒ gāi zǒu le
이만 가보겠습니다.

A 时间已不早了，我该走了。
Shíjiān yǐ bù zǎo le   wǒ gāi zǒu le
스찌엔 이 뿌 자오 러   워 까이 저우 러

B 还早呢，再坐一会儿吧。
Hái zǎo ne   zài zuò yí huìr ba
하이 자오 너   짜이 쭈어 이 후얼 바

A 不了，太打扰你了。
Bù le   tài dǎrǎo nǐ le
뿌 러   타이 다라오 니 러

B 哪里的话，请常常来玩儿吧。
Nǎli de huà   qǐng chángchang lái wánr ba
나리 더 후아   칭 창창 라이 와알 바

A : 시간이 늦었네요. 이만 가보겠습니다.
B : 아직 이른데요. 조금 더 계시다 가세요.
A : 아닙니다. 너무 오래 방해했습니다.
B : 천만에요. 자주 놀러오세요.

♦ 저는 가보겠습니다.

我要告辞了。
Wǒ yào gàocí le
워 야오 까오츠 러

* 告辞 작별을 고하다

♦ 시간이 늦었으니 가보겠습니다.

时间不早了，我该走了。
Shíjiān bù zǎo le   wǒ gāi zǒu le
스찌엔 뿌 자오 러   워 까이 저우 러

* 该 ~해야 한다

♦ 폐가 많았습니다.

麻烦你了。
Máfan nǐ le
마판니 러

* 麻烦 귀찮게 하다, 폐를 끼치다

♦ 배려해주셔서 감사드립니다.

多谢你的关照。
Duō xiè nǐ de guānzhào
뚜어 시에 니 더 꾸안짜오

* 关照 돌보다, 관심을 갖다

♦ 오늘 즐거웠습니다.

今天过得很愉快。
Jīntiān guò de hěn yúkuài
찐티엔 꾸어 더 흐언 위쿠아이

♦ 성대한 환대에 감사드립니다.

谢谢您的热情款待。
Xièxie nín de rèqíng kuǎndài
시에시에 닌 더 르어칭 쿠안따이

* 热情款待 환대하다, 친절하게 대접하다

09. 손님을 배웅할 때

祝你一路平安!
Zhù nǐ yílùpíngān
편안한 여행 되세요!

A 那我走了。
Nà wǒ zǒu le
나 워 저우 러

B 祝你一路平安!
Zhù nǐ yílùpíngān
쭈 니 이루핑안

A 谢谢你特地来送我。
xièxie nǐ tèdì lái sòng wǒ
시에시에 니 트어띠 라이 쏭 워

B 欢迎你再来，再见!
Huānyíng nǐ zài lái   zàijiàn
후안잉 니 짜이 라이   짜이찌엔

A : 이만 가보겠습니다.

B : 편안한 여행 되세요!

A : 배웅해주셔서 감사합니다.

B : 또 오세요, 안녕히 가세요!

◆ 가시는 길이 순조롭길 빕니다!

祝你一路顺风！
Zhù nǐ yílùshùnfēng
쭈 니 이루순펑

* 祝 축원하다, 축하하다

◆ 조심해서 가세요!

路上请多小心！
Lù shang qǐng duō xiǎoxīn
루 샹 칭 뚜어 시아오신

* 小心 조심하다

◆ 또 오십시오!

欢迎你再来！
Huānyíng nǐ zài lái
후안잉 니 짜이 라이

◆ 건강 조심하세요!

请多注意身体！
Qǐng duō zhùyì shēntǐ
칭 뚜어 쭈이 션티

◆ 가족들에게 안부 전해주세요.

请向您家里人问好。
Qǐng xiàng nín jiālirén wèn hǎo
칭 시앙 닌 찌아리런 원 하오

* 向～问好 ～에게 안부를 전하다

◆ 모두에게 안부 전해주세요!

请向大家问好！
Qǐng xiàng dàjiā wèn hǎo
칭 시앙 따찌아 원 하오

10 일을 대신 처리할 때

让我来做吧。
Ràng wǒ lái zuò ba
제가 하겠습니다.

A 这件事怎么办呢?
Zhè jiàn shì zěnmebàn ne
쩌 찌엔 스 전머빤 너

B 让我来做吧。
Ràng wǒ lái zuò ba
랑 워 라이 쭈어 바

A 好，那就拜托你了。
Hǎo　nà jiù bàituō nǐ le
하오　나 찌우 빠이투어 니 러

B 没问题，交给我吧。
Méi wèntí　　jiāogei wǒ ba
메이 원티　　찌아오게이 워 바

A : 이 일은 어떻게 할까요?

B : 제가 하겠습니다.

A : 좋아요, 그럼 부탁할게요.

B : 문제없어요, 제게 맡겨주세요.

◆ 이 일은 제게 맡겨주십시오.

这件事就交给我办吧。
Zhè jiàn shì jiù jiāogei wǒ bàn ba
쩌 찌엔 스 찌우 찌아오게이 워 빤 바

* 交给 ~에게 넘기다, 맡기다

◆ 제가 도와드릴게요!

我来帮忙吧！
Wǒ lái bāngmáng ba
워 라이 빵망 바

* 帮忙 일을 돕다

◆ 신경 쓰지 마세요, 제가 할게요.

您不用管，我来做。
Nín bú yòng guǎn wǒ lái zuò
닌 부 용 구안   워 라이 쭈어

◆ 제가 괜찮다고 생각하시면 제게 맡겨주세요.

如果你觉得我行，就让我来做吧。
Rúguǒ nǐ jué de wǒ xíng   jiù ràng wǒ lái zuò ba
루구어 니 쥐에 더 워 싱   찌우 랑 워 라이 쭈어 바

* 让 ~로 하여금 ~하도록 시키다. 스스로 어떤 일을 자원할 때 겸양의 뜻을 표현한다.

◆ 이 일은 매우 익숙하니 제가 하겠습니다.

这工作我很熟，让我来做吧。
Zhè gōngzuò wǒ hěn shú   ràng wǒ lái zuò ba
쩌 꽁쭈어 워 흐언 수   랑 워 라이 쭈어 바

◆ 네, 문제 없어요, 제게 맡겨주세요.

好，没问题，包在我身上了。
Hǎo   méi wèntí   bāo zài wǒ shēnshang le
하오   메이 원티   빠오 짜이 워 션샹 러

자리를 권할 때

请坐!
Qǐng zuò
앉으세요!

A 你来了，大家正等着你呢。
　　Nǐ lái le　　dàjiā zhèng děng zhe nǐ ne
　　니 라이 러　　따찌아 쩡 덩 저 니 너

B 来晚了，对不起。
　　Lái wǎn le　　duì bu qǐ
　　라이 완 러　　뚜에이 부 치

A 请随便坐。
　　Qǐng suíbiàn zuò
　　칭 쑤에이삐엔 쭈어

B 好。
　　Hǎo
　　하오

　　A : 오셨군요, 모두 기다리고 있었어요.

　　B : 늦어서 미안합니다.

　　A : 편한 자리에 앉으세요.

　　B : 네.

◆ 이쪽으로 앉으세요!

请坐这里吧！
Qǐng zuò zhèlǐ ba
칭 쭈어 쩌리 바

◆ 안쪽으로 앉으시죠.

请坐里边吧。
Qǐng zuò lǐbian ba
칭 쭈어 리비엔 바

◆ 상석으로 앉으세요.

请坐上座吧。
Qǐng zuò shàngzuò ba
칭 쭈어 상쭈어 바

* 上座 상석

◆ 여기 빈자리가 있으니 앉으세요!

这里有空位，请坐吧！
Zhèlǐ yǒu kòngwèi   qǐng zuò ba
쩌리 여우 콩웨이   칭 쭈어 바

* 空位 공석, 빈자리

◆ 앞 테이블에 앉으세요.

请到前面一桌坐。
Qǐng dào qiánmiàn yì zhuō zuò
칭 따오 치엔미엔 이 쭈어 쭈어

* 桌 탁자, 테이블

◆ 지정된 자리가 없으니 편한 자리에 앉으세요.

没有指定位子，请随便坐。
Méi yǒu zhǐdìng wèizi   qǐng suíbiàn zuò
메이 여우 즈띵 웨이즈   칭 쑤에이삐엔 쭈어

* 位子 자리, 좌석

12 선물을 전할 때

这是我的礼物，请收下吧。
Zhè shì wǒ de lǐwù qǐng shōuxià ba
제 선물을 받아주세요.

A 这是新式玩具，给孩子玩吧。
   Zhè shì xīn shì wánjù   gěi háizi wán ba
   쩌 스 신 스 완쮜   게이 하이즈 완 바

B 让你破费，真不好意思。
   Ràng nǐ pòfeì   zhēn bùhǎoyìsi
   랑 니 포어페이   쩐 뿌하오이쓰

A 这没什么，请收下吧。
   Zhè méi shénme   qǐng shōuxià ba
   쩌 메이 션머   칭 셔우시아 바

B 那太谢谢你了。
   Nà tài xièxie nǐ le
   나 타이 시에시에 니 러

A : 새로운 장난감이에요. 아이에게 주세요.

B : 폐를 끼쳐 미안합니다.

A : 대단한 것은 아니에요. 받아주세요.

B : 정말 고맙습니다.

◆ 제 작은 성의니 받아주세요.

这是我的一点心意，请收下吧。
Zhè shì wǒ de yì diǎn xīnyì　　qǐng shōuxià ba
쩌 스 워 더 이 디엔 신이　　칭 셔우시아 바　　*心意 마음, 성의

◆ 제 작은 마음입니다.

这是一点儿小意思。
Zhè shì yì diǎnr xiǎo yìsi
쩌 스 이 디알 시아오 이쓰　　*意思 뜻, 성의

◆ 작은 선물입니다, 받아주세요.

这是一些小礼物，请收下吧。
zhè shì yì xiē xiǎo lǐwù　　qǐng shōuxià ba
쩌 스 이 시에 시아오 리우　　칭 셔우시아 바

◆ 드리겠습니다, 기념으로 삼아 주십시오.

送给您，请留做纪念吧。
Sòng gěi nín　qǐng liú zuò jìniàn ba
쏭 게이 니　칭 리우 쭈어 찌니엔 바　　*纪念 기념하다

◆ 회사에서 드리는 기념품을 받아주세요.

这是公司送的纪念品，请收下吧。
Zhè shì gōngsī sòng de jìniànpǐn　　qǐng shōuxià ba
쩌 스 꽁쓰 쏭 더 찌니엔핀　　칭 셔우시아 바

◆ 우리나라 특산물이니 받아주세요.

这是我国的特产，请收下吧。
Zhè shì wǒguó de tèchǎn　　qǐng shōuxià ba
쩌 스 워구어 더 트어찬　　칭 셔우시아 바　　*特产 특산물

13 다른 사람의 계획을 물을 때

你有什么计划?
Nǐ yǒu shénme jìhuà
어떤 계획이 있으세요?

A 你明天做什么?
Nǐ míngtiān zuò shénme
니 밍티엔 쭈어 션머

B 我打算去看朋友。
Wǒ dǎsuan qù kàn péngyou
워 다쑤안 취 칸 펑여우

A 那后天晚上有什么事吗?
Nà hòutiān wǎnshang yǒu shénme shì ma
나 호우티엔 완샹 여우 션머 스 마

B 没什么事，我在家里。
Méi shénme shì   wǒ zài jiā li
메이 션머 스   워 짜이 찌아 리

A : 내일 뭐하세요?
B : 친구를 만나러 갈 생각이에요.
A : 그러면 모레 저녁에 다른 일 있으세요?
B : 별다른 일은 없어요, 집에 있을 겁니다.

◆ 내일 시간 있으세요?

明天有时间吗？
Míngtiān yǒu shíjiān ma
밍티엔 여우 스찌엔 마

◆ 오후에 뭐하세요?

下午要做什么？
Xiàwǔ yào zuò shénme
시아우 야오 쭈어 션머

◆ 오후 스케줄이 어떻게 되죠?

你下午怎么安排？
Nǐ xiàwǔ zěnme ānpái
니 시아우 전머 안파이

* 安排 안배하다, 처리하다

◆ 내일 시간 있으세요?

明天有空吗？
Míngtiān yǒu kòng ma
밍티엔 여우 콩 마

◆ 일요일은 어떻게 보내실 생각이세요?

你星期天打算怎么过？
Nǐ xīngqītiān dǎsuan zěnme guò
니 싱치티엔 다쑤안 전머 꾸어

* 打算 ~할 생각이다

◆ 다음 주에 어떤 계획이 있나요?

下星期有什么计划？
Xiàxīngqī yǒu shénme jìhuà
시아싱치 여우 션머 찌후아

14 약속시간을 정할 때

几点到您那儿方便?
Jǐ diǎn dào nín nàr fāngbiàn
몇 시에 찾아뵐까요?

A 我想到你们公司拜访你。
   Wǒ xiǎng dào nǐmen gōngsī bàifǎng nǐ
   워 시앙 따오 니먼 꽁쓰 빠이팡 니

B 那太好了。
   Nà tài hǎo le
   나 타이 하오 러

A 我什么时候去好呢?
   Wǒ shénme shíhou qù hǎo ne
   워 션머 스허우 취 하오 너

B 这几天我都在办公室, 什么时候都行。
   Zhè jǐ tiān wǒ dōu zài bàngōngshì   shénme shíhou dōu xíng
   쩌 지 티엔 워 떠우 짜이 빤꽁스   션머 스허우 또우 싱

   A : 회사로 찾아가 뵙고 싶은데요.
   B : 잘됐군요.
   A : 제가 언제 가면 좋을까요?
   B : 요 며칠 계속 사무실에 있으니 언제든 좋습니다.

◆ 저녁 때 언제가 편하세요?

晚上什么时候方便？
Wǎnshang shénme shíhou fāngbiàn
완샹 션머 스허우 팡삐엔

* 方便 편리하다

◆ 제가 언제 찾아가면 좋을까요?

我什么时候去你那儿好呢？
Wǒ shénme shíhou qù nǐ nàr hǎo ne
워 션머 스허우 취 니 나알 하오 너

* 你那儿 인칭대명사가 장소목적어로 쓰일 때 那儿 혹은 这儿을 덧붙인다.

◆ 언제가 비교적 편하세요?

你什么时候比较方便？
Nǐ shénme shíhou bǐjiào fāngbiàn
니 션머 스허우 비찌아오 팡삐엔

◆ 오후 2시에 찾아뵈면 될까요?

下午2点去拜访你，可以吗？
Xiàwǔ liǎng diǎn qù bàifǎng nǐ kěyǐ ma
시아우 리앙 디엔 취 빠이팡 니   크어이 마

◆ 제가 6시에나 도착할 수 있는데 괜찮으세요?

我6点才能到，可以吗？
Wǒ liù diǎn cái néng dào kěyǐ ma
워 리우 디엔 차이 넝 따오 크어이 마

◆ 괜찮으시면 8시에 찾아뵙고 싶습니다.

如果你方便，我想8点到你那儿去。
Rúguǒ nǐ fāngbiàn wǒ xiǎng bā diǎn dào nǐ nàr qù
루구어 니 팡삐엔   워 시앙 빠 디엔 따오 니 나알 취

* 如果 만일 ~라면

15 약속하기 편한 시간과 장소를 물을 때

你方便吗?
Nǐ fāngbiàn ma
괜찮으세요?

A 今天想和你见个面, 不知道什么时候方便?
　　Jīntiān xiǎng hé nǐ jiàn ge miàn　bù zhīdao shénme shíhou fāngbiàn
　　찐티엔 시앙 흐어 니 찌엔 거 미엔　뿌 쯔다오 션머 스허우 팡삐엔

B 对不起! 今天我已经排满了。
　　Duì bu qǐ　　Jīntiān wǒ yǐjīng páimǎn le
　　뚜에이 부 치　　찐티엔 워 이징 파이만 러

A 那么, 什么时候合适呢?
　　Nàme　　shénme shíhou héshì ne
　　나머　　션머 스허우 흐어스 너

B 我明天上午有空, 请过来吧。
　　Wǒ míngtiān shàngwǔ yǒu kòng　qǐng guòlái ba
　　워 밍티엔 샹우 여우 콩　　　　칭 꾸어라이 바

　　A : 오늘 뵙고 싶은데 언제가 편하실지 모르겠습니다.
　　B : 미안합니다! 오늘은 제가 일정이 모두 찼습니다.
　　A : 그러면 언제가 좋으시겠어요?
　　B : 내일 오전에 시간이 있으니 건너오시죠.

◆ 다음 주 일요일은 가능한가요?

下星期天可以吗？
Xiàxīngqītiān kěyǐ ma
시아싱치티엔 크어이 마

◆ 어느 곳이 편하세요?

什么地方方便？
Shénme dìfāng fāngbiàn
션머 띠팡 팡삐엔

◆ 불편하신 점이 있으신가요?

有什么不方便吗？
Yǒu shénme bù fāngbiàn ma
여우 션머 뿌 팡삐엔 마

◆ 이렇게 정하면 괜찮으세요?

这样安排，对您合适吗？
Zhèyàng ānpái   duì nín héshì ma
쩌양 안파이   뚜에이 닌 흐어스 마

◆ 시간을 내실 수 없으신가요?

你抽不出时间吗？
Nǐ chōu bu chū shíjiān ma
니 처우 부 추 스찌엔 마

*抽出时间 시간을 내다

◆ 괜찮으시면 3시로 정하죠.

如果无妨就定在3点吧。
Rúguǒ wúfáng jiù dìng zài sān diǎn ba
루구어 우팡 찌우 띵 짜이 싼 디엔 바

*无妨 무방하다, 지장 없다

16 직장을 물어볼 때

你在哪儿工作?
Nǐ zài nǎr gōngzuò
어디서 근무하세요?

A 你在哪儿工作?
Nǐ zài nǎr gōngzuò
니 짜이 나알 꽁쭈어

B 我在公司上班。
Wǒ zài gōngsī shàngbān
워 짜이 꽁쓰 샹빤

A 你在公司哪个部门工作?
Nǐ zài gōngsī nǎ ge bùmén gōngzuò
니 짜이 꽁쓰 나 거 뿌먼 꽁쭈어

B 我在推销部工作。
Wǒ zài tuīxiāobù gōngzuò
워 짜이 투웨이시아오뿌 꽁쭈어

A : 어디에서 일하세요?
B : 저는 회사원입니다.
A : 회사에서는 어느 부서에서 일하세요?
B : 마케팅부에서 일합니다.

◆ 어느 업종에 종사하시는지요?

不知道您是从事哪一行的?
Bù zhīdao nín shì cóngshì nǎ yì háng de
뿌 쯔다오 닌 스 총스 나 이 항 더

◆ 어느 직장에서 근무하세요?

你在哪个单位工作?
Nǐ zài nǎ ge dānwèi gōngzuò
니 짜이 나 거 딴웨이 꽁쭈어

*单位 기관이나 단체

◆ 어느 부서에서 일하세요?

你在哪个部门工作?
Nǐ zài nǎ ge bùmén gōngzuò
니 짜이 나 거 뿌먼 꽁쭈어

◆ 어떤 사업을 하시나요?

您做什么生意?
Nín zuò shénme shēngyì
닌 쭈어 션머 성이

*做生意 장사하다, 사업하다

◆ 직장인이세요, 아니면 학생이세요?

你在上班还是在上学?
Nǐ zài shànbān háishì zài shàngxué
니 짜이 샹반 하이스 짜이 샹쉬에

*上班 출근하다

◆ 다니는 직장이 어디인가요?

你是什么单位的?
Nǐ shì shénme dānwèi de
니 스 션머 딴웨이 더

17 고향을 물어볼 때

A 你是韩国人吗?
   Nǐ shì hánguórén ma
   니 스 한구어런 마

B 是的，我是韩国人。
   Shìde   wǒ shì hánguórén
   스더   워 스 한구어런

A 你故乡在哪儿?
   Nǐ gùxiāng zài nǎr
   니 꾸시앙 짜이 나알

B 我是釜山人。
   Wǒ shì fǔshānrén
   워 스 푸샨 런

   A : 한국인이세요?
   B : 네, 저는 한국인이에요.
   A : 고향이 어디신가요?
   B : 저는 부산사람이에요.

◆ 고향이 어디인가요?

你的家乡在哪里？
Nǐ de jiāxiāng zài nǎli
니 더 찌아시앙 짜이 나리

◆ 본가가 어느 곳인가요?

你老家在什么地方？
Nǐ lǎojiā zài shénme dìfāng
니 라오찌아 짜이 션머 띠팡

◆ 본적이 어디입니까?

你的籍贯是什么地方？
Nǐ de jíguàn shì shénme dìfāng
니 더 지꾸안 스 션머 띠팡

◆ 어느 지방에서 태어났나요?

你是什么地方出生的？
Nǐ shì shénme dìfāng chūshēng de
니 스 션머 띠팡 추셩 더

◆ 어디에서 자라셨어요?

你在哪里长大的？
Nǐ zài nǎli zhǎngdà de
니 짜이 나리 장따 더

◆ 어디에서 오셨어요?(어디 분이세요?)

你是从哪儿来的？
Nǐ shì cóng nǎr lái de
니 스 총 나알 라이 더

* 是 ~ 的 이미 발생한 사실을 강조하는 표현

155

18. 가족을 물어볼 때

A 你家有几口人?
Nǐ jiā yǒu jǐ kǒu rén
니 찌아 여우 지 커우 런

B 一共5口人。
Yígòng wǔ kǒu rén
이꽁 우 커우 런

A 有没有兄弟?
Yǒu méi yǒu xiōngdì
여우 메이 여우 시옹띠

B 有一个姐姐和一个弟弟。
Yǒu yí ge jiějie hé yí ge dìdi
여우 이 거 지에지에 흐어 이 거 띠디

A : 가족이 몇 명인가요?
B : 모두 다섯 명입니다.
A : 남자형제도 있나요?
B : 누나(언니) 한 명과 남동생이 하나 있어요.

◆ 가족은 누가 계시죠?

你家里有些什么人？
Nǐ jiāli yǒu xiē shénme rén
니 찌아리 여우 시에 션머 런

◆ 가족이 몇 분이세요?

你家有几口人？
Nǐ jiā yǒu jǐ kǒu rén
니 찌아 여우 지 커우 런

◆ 형제자매는 몇이세요?

有几个兄弟姐妹？
Yǒu jǐ ge xiōngdì jiěmèi
여우 지 거 시옹띠 지에메이

◆ 형님은(오빠는) 결혼하셨나요?

你哥哥结婚了吗？
Nǐ gēge jiéhūn le ma
니 끄어그어 지에훈 러 마

*哥哥 ① 형 ② 오빠

◆ 여자형제가 있으세요?

你有姐妹吗？
Nǐ yǒu jiěmèi ma
니 여우 지에메이 마

◆ 아이는 몇이세요?

你有几个孩子？
Nǐ yǒu jǐ ge háizi
니 여우 지 거 하이즈

19 의미를 확인할 때

A 您是说，可以参加，是吧?
Nín shì shuō kěyǐ cānjiā shì ba
닌 스 수어 크어이 찬찌아 스 바

B 是的，没错。
Shìde méi cuò
스더 메이 추어

A 而且，还可以讲几句话，对吧?
érqiě hái kěyǐ jiǎng jǐ jù huà duì ba
얼치에 하이 크어이 지앙 지 쮜 후아 뚜에이 바

B 对，如果需要的话。
Duì rúguǒ xūyào de huà
뚜에이 루구어 쉬야오 더 후아

A : 참석하실 수 있다고 하셨죠?
B : 네, 맞아요.
A : 게다가, 인사말씀도 하실 수 있고요, 맞죠?
B : 네, 필요하면요.

◆ 말씀하신 뜻이 ……?

您是说……?
Nín shì shuō
닌 스 수어

◆ 죄송한데, 방금 뭐라고 하셨죠?

对不起, 你刚才说什么?
Duì bu qǐ   nǐ gāngcái shuō shénme
뚜에이 부 치   니 깡차이 수어 션머

◆ 찬성한다는 뜻 맞죠?

您的意思是赞成, 是吧?
Nín de yìsi shì zànchéng   shì ba
닌 더 이쓰 스 짠청   스 바

◆ 말씀하신 뜻이 무슨 의미인가요?

您说的是什么意思?
Nín shuō de shì shénme yìsi
닌 수어 더 스 션머 이쓰

◆ 무슨 말씀이신지 잘 모르겠군요.

我不明白你说的是什么意思。
Wǒ bù míngbái nǐ shuō de shì shénme yìsi
워 뿌 밍바이 니 수어 더 스 션머 이쓰

◆ 제가 잘못들은 것이 아니라면 동의하시는군요!

如果我没听错的话, 您是同意了吧!
Rúguǒ wǒ méi tīngcuò de huà   nín shì tóngyì le ba
루구어 워 메이 팅추어 더 후아   닌 스 통이 러 바

159

20 반문할 때

请你再说一遍。
Qǐng nǐ zài shuō yí biàn
다시 한 번 말씀해주세요.

A 您说什么?
Nín shuō shénme
닌 수어 션머

B 我说坐KTX回去。
Wǒ shuō zuò KTX huíqu
워 수어 쭈어 KTX 후에이취

A "KTX"是什么?
KTX shì shénme
KTX 스 션머

B 我说坐高速列车回去。
Wǒ shuō zuò gāosùlièchē huíqu
워 수어 쭈어 까오쑤리에처 후에이취

A : 뭐라고 하셨죠?
B : KTX를 타고 간다고 했어요.
A : KTX가 뭔가요?
B : 고속열차를 타고 간다고요.

◆ 방금 뭐라고 하셨죠?

刚才你说什么？
Gāngcái nǐ shuō shénme
깡차이 니 수어 션머

*刚才 방금, 지금 막

◆ 죄송합니다, 잘 못 들었습니다.

对不起，我没听清楚。
Duì bu qǐ　　wǒ méi tīng qīngchu
뚜에이 부 치　　워 메이 팅 칭추

◆ 말씀하신 뜻을 이해하지 못했습니다.

我不明白你说什么。
Wǒ bù míngbái nǐ shuō shénme
워 뿌 밍바이 니 수어 션머

◆ 잠시만요, 말씀하시는 뜻을 아직 잘 모르겠어요.

请等一下，我还不明白你的意思。
Qǐng děng yí xià　　wǒ hái bù míngbái nǐ de yìsi
칭 덩 이 시아　　워 하이 뿌 밍바이 니 더 이쓰

◆ 미안한데요, 다시 한 번 말씀해주세요.

对不起，请再说一遍。
Duìbuqǐ　　qǐng zài shuō yí biàn
뚜에이부치　　칭 짜이 수어 이 삐엔

*一遍 (처음부터 끝까지) 한 번

◆ 잘 모르겠어요, 다시 한 번 말해주시겠어요?

我不太清楚，能不能再说一遍？
Wǒ bú tài qīngchu　　néng bu néng zài shuō yí biàn
워 부 타이 칭추　　넝 뿌 넝 짜이 수어 이 삐엔

이해했는지 확인할 때

您明白了吗?
Nín míngbai le ma
이해하셨어요?

A 刚才我讲的，都听懂了吗?
Gāngcái wǒ jiǎng de　dōu tīng dǒng le ma
깡차이 워 지앙 더　떠우 팅 동 러 마

B 大概的意思懂了。
Dàgài de yìsi dǒng le
따까이 더 이쓰 동 러

A 要不要再讲一遍?
Yào bu yào zài jiǎng yí biàn
야오 부 야오 짜이 지앙 이 삐엔

B 不用了。
Búyòng le
부용 러

A : 방금 제가 말씀드린 것 모두 이해하셨나요?
B : 대략적인 의미는 알겠어요.
A : 다시 한 번 말씀드릴까요?
B : 아니에요.

◆ 알겠습니까?

你听懂了吗？
Nǐ tīng dǒng le ma
니 팅 둥 러 마

* 听懂 알아듣다 결과보어 懂은 '이해했다'는 뜻

◆ 잘 들으셨어요?

你听清楚了吗？
Nǐ tīng qīngchu le ma
니 팅 칭추 러 마

* 清楚 분명하다, 명확하다

◆ 잘 모르는 부분이 있으신가요?

有什么地方不清楚吗？
Yǒu shénme dìfang bù qīngchu ma
여우 션머 띠팡 뿌 칭추 마

◆ 또 다른 질문 있나요?

还有什么问题吗？
Hái yǒu shénme wèntí ma
하이 여우 션머 원티 마

◆ 다시 한 번 말씀드릴까요?

需要再讲一遍吗？
Xūyào zài jiǎng yí biàn ma
쉬야오 짜이 지앙 이 삐엔 마

◆ 충분히 이해하셨어요?

你完全明白了吗？
Nǐ wánquán míngbái le ma
니 완추엔 밍바이 러 마

22. 상대방의 의견을 확인할 때

你看这样行吗?
Nǐ kàn zhèyàng xíng ma
이렇게 하면 될까요?

A 这样做，你看行吗?
Zhèyàng zuò nǐ kàn xíng ma
쩌양 쭈어   니 칸 싱 마

B 我没什么意见。
Wǒ méi shénme yìjiàn
워 메이 션머 이찌엔

A 那就这样决定吧。
Nà jiù zhèyàng juédìng ba
나 찌우 쩌양 쥐에띵 바

B 好，可以。
Hǎo kěyǐ
하오 크어이

A : 이렇게 하면 될까요?
B : 별다른 의견은 없습니다.
A : 그러면 이렇게 결정하죠.
B : 네, 그러세요.

◆ 다른 의견 있으신가요?

有什么不同的意见吗?
Yǒu shénme bù tóng de yìjiàn ma
여우 션머 뿌 통 더 이찌엔 마

*意见 의견, 불만

◆ 건의할 사항이 더 있으십니까?

你还有什么建议吗?
Nǐ hái yǒu shénme jiànyì ma
니 하이 여우 션머 찌엔이 마

◆ 이 문제에 대해 어떤 견해를 갖고 계신가요?

对这个问题，你有什么看法?
Duì zhè ge wèntí   nǐ yǒu shénme kànfǎ
뚜에이 쩌 거 원티   니 여우 션머 칸파

◆ 문제가 있으면 제기해주세요.

有什么问题请提出来。
Yǒu shénme wèntí qǐng tí chūlai
여우 션머 원티 칭 티 추라이

◆ 이렇게 하면 어떻습니까?

这样做，你觉得怎么样?
Zhèyàng zuò   nǐ jué de zěnmeyàng
쩌양 쭈어   니 쥐에 더 전머양

*觉得 ~라고 생각하다

◆ 이러한 현상에 대해 어떻게 생각하시나요?

对这种现象，你有什么看法呢?
Duì zhè zhǒng xiànxiàng   nǐ yǒu shénme kànfǎ ne
뚜에이 쩌 종 시엔시앙   니 여우 션머 칸파 너

165

23 취미를 물어볼 때

你有什么爱好?
Nǐ yǒu shénme aìhào
어떤 취미가 있으세요?

A 你的爱好是什么?
Nǐ de àihào shì shénme
니 더 아이하오 스 션머

B 我喜欢看书。
Wǒ xǐhuān kàn shū
워 시후안 칸 수

A 除了阅读以外，还有什么吗?
Chú le yuèdú yǐwài　　hái yǒu shénme ma
추 러 위에두 이와이　　하이 여우 션머 마

B 我还喜欢下棋。
Wǒ hái xǐhuan xiàqí
워 하이 시후안 시아치

A : 취미가 뭔가요?
B : 책 읽기를 좋아합니다.
A : 독서 말고 또 다른 것은요?
B : 바둑도 좋아합니다.

◆ 어떤 분야에 관심이 있으신가요?

您对什么感兴趣?
Nín duì shénme gǎn xìngqù
닌 뚜에이 션머 간 싱취   *对 ~感兴趣 ~에 대해 흥미가 있다 관심을 갖다

◆ 음악에 흥미가 있으신가요?

你对音乐有兴趣吗?
Nǐ duì yīnyuè yǒu xìngqù ma
니 뚜에이 인위에 여우 싱취 마

◆ 여행은 좋아하세요?

你喜欢旅行吗?
Nǐ xǐhuan lǚxíng ma
니 시후안 뤼싱 마   *喜欢 좋아하다

◆ 한가할 때 어떤 일을 즐겨 하세요?

空闲的时候, 你喜欢做什么?
Kòngxián de shíhou   nǐ xǐhuan zuò shénme
콩시엔 더 스허우   니 시후안 쭈어 션머

◆ 그는 취미가 많아요.

他有很多爱好。
Tā yǒu hěn duō àihào
타 여우 흐언 뚜어 아이하오

◆ 저는 마작에 관심이 없습니다.

我对麻将没有兴趣。
Wǒ duì májiàng méi yǒu xìngqù
워 뚜에이 마찌앙 메이 여우 싱취

24. 원인을 물어볼 때

怎么回事?
Zěnme huíshì
무슨 일이죠?

A 他怎么还没来?
Tā zěnme hái méi lái
타 전머 하이 메이 라이

B 我不知道是怎么回事。
Wǒ bù zhīdao shì zěnme huíshì
워 뿌 쯔다오 스 전머 후에이스

A 也许是弄错时间了吧。
Yěxǔ shì nòngcuò shíjiān le ba
이에쉬 스 농추어 스찌엔 러 바

B 不会吧，我说得很清楚。
Bú huì ba   wǒ shuō de hěn qīngchu
부 후에이 바   워 수어 더 흐언 칭추

A : 그 사람은 왜 아직 안 오는 거죠?
B : 어찌된 일인지 저도 모르겠어요.
A : 시간을 잘 못 아는 것은 아닐까요?
B : 그럴 리가요, 제가 분명히 말했어요.

◆ 도대체 왜 그래요?

到底怎么了？
Dàodǐ zěnme le
따오디 전머 러

◆ 왜 안 됩니까?

为什么不行呢？
Wèishénme bù xíng ne
웨이션머 뿌 싱 너

◆ 어떤 이유인지 설명해주세요.

请说明一下是什么原因。
Qǐng shuōmíng yí xià shì shénme yuányīn
칭 수어밍 이 시아 스 션머 위엔인

◆ 왜 잘못됐죠?

为什么弄错了？
Wèishénme nòngcuò le
웨이션머 농추어 러

* 弄错 실수하다, 잘못하다

◆ 어째서 저를 만나러 오지 않나요?

为什么不来看我呢？
Wèishénme bù lái kàn wǒ ne
웨이션머 뿌 라이 칸 워 너

◆ 도저히 모르겠습니다.

我怎么也搞不清楚。
Wǒ zěnme yě gǎo bu qīngchu
워 전머 이에 가오 부 칭추

25 상대방이 생각나지 않을 때

对不起，您是……?
Duì bu qǐ　nín shì
미안합니다, 혹시... ?

A　我们好像在哪里见过面?
　　Wǒmen hǎoxiàng zài nǎli jiàn guo miàn
　　워먼 하오시앙 짜이 나리 찌엔 궈 미엔

B　我也觉得你很面熟。
　　Wǒ yě juéde nǐ hěn miànshú
　　워 이에 쥐에 더 니 흐언 미엔수

A　啊! 对了，您是不是郑先生?
　　a　　duì le　　nín shì bu shì Zhèng xiānsheng
　　아　뚜에이러　닌 스 부 스 쩡 시엔셩

B　对! 啊，我也想起来了，您是王老师。
　　Duì　a　wǒ yě xiǎng qǐlai le　　nín shì Wáng lǎoshī
　　뚜에이 아　워 이에 시앙 치라이 러　닌 스 왕 라오스

　　A : 우리 어디선가 만났던 것 같은데요.
　　B : 저도 낯이 익은 것 같습니다.
　　A : 아! 맞아요, 정선생님 아니세요?
　　B : 맞습니다. 아! 저도 생각났어요, 왕선생님이시군요.

◆ 제가 보기에 낯이 익네요.

我看你很面熟。
Wǒ kàn nǐ hěn miànshú
워 칸 니 흐언 미엔수

* 面熟 낯이 익다

◆ 저를 아세요?

你认识我吗?
Nǐ rènshi wǒ ma
니 런스 워 마 * 认识 알다 사람을 사귀거나 길을 가봐서 아는 것을 말한다

◆ 우리 어디선가 만났던 것 같아요.

我们好像在哪里见过面。
Wǒmen hǎoxiàng zài nǎli jiàn guo miàn
워먼 하오시앙 짜이 나리 찌엔 궈 미엔 * 동사 + 过 과거의 경험을 나타내는 표현

◆ 제가 아는 분인 것 같습니다.

我好像认识你。
Wǒ hǎoxiàng rènshi ni
워 하오시앙 런스 니

* 好像 마치 ~인 것 같다

◆ 저를 기억하시겠어요?

你还记得我吗?
Nǐ hái jìde wǒ ma
니 하이 찌 더 워 마

* 记得 기억하다

◆ 작년 여름에 우리 베이징에서 만났었죠.

我记得去年夏天我们在北京见过。
Wǒ jìde qùnián xiàtiān wǒmen zài Běijīng jiàn guo
워 찌 더 취니엔 시아티엔 워먼 짜이 베이징 찌엔 궈

171

26 상황이 안 좋을 때

A **你今天到底怎么啦?**
   Nǐ jīntiān dàodǐ zěnme la
   니 찐티엔 따오디 전머 라

B **我今天有点儿反常。**
   Wǒ jīntiān yǒu diǎnr fǎncháng
   워 찐티엔 여우디알 판창

A **是不是太累了?**
   Shì bu shì tài lèi le
   스 부 스 타이 레이 러

B **从早上就不顺。**
   Cóng zǎoshang jiù búshùn
   총 자오샹 찌우 부순

   A : 당신 오늘 대체 왜 그래요?
   B : 오늘 좀 이상해요.
   A : 너무 피곤한 것 아니에요?
   B : 아침부터 잘 안 풀리네요.

♦ 오늘은 정말 이상해요.

今天真有点儿奇怪。
Jīntiān zhēn yǒu diǎnr qíguài
찐티엔 쩐 여우 디알 치꾸아이   *奇怪 이상하다

♦ 오늘은 평소와 다르네요.

今天跟平时不一样。
Jīntiān gēn píngshí bù yíyàng
찐티엔 끄언 핑스 뿌 이양   *跟~一样 ~와 같다 부정은 跟~不一样

♦ 제가 오늘 조금 바쁘네요.

我今天有点儿紧张。
Wǒ jīntiān yǒu diǎnr jǐnzhāng
워 찐티엔 여우 디알 진장

*紧张 ① 긴장하다. 불안하다 ② 바쁘다 ③ 부족하다

♦ 내가 오늘 도대체 왜 이러지?

我今天到底怎么了？
Wǒ jīntiān dàodǐ zěnme le
워 찐티엔 따오디 전머 러

♦ 당신 오늘 왜 그래요?

你今天是怎么啦？
Nǐ jīntiān shì zěnme la
니 찐티엔 스 전머 라

♦ 오늘 그 사람이 약간 이상한 것 같아요.

我觉得今天他有点儿不对劲。
Wǒ juéde jīntiān tā yǒu diǎnr búduìjìn
워 쥐에더 찐티엔 타 여우 디알 부뚜에이찐   *不对劲 이상하다, 정상이 아니다

27. 길을 물어볼 때

走到头儿就到了。
Zǒu dào tóur jiù dào le
끝까지 가면 됩니다.

A 从地铁站到你家怎么走?
Cóng dìtiězhàn dào nǐ jiā zěnmezǒu
총 띠티에짠 따오 니 찌아 전머저우

B 走出检票口，顺着坡道走到头儿就到了。
Zǒu chū jiǎnpiàokǒu shùnzhe pōdào zǒu dào tóur jiù dào le
저우 추 지엔피아오커우 순저 포어따오 저우 따오 터우얼 찌우 따오 러

A 附近有什么好认的标志吗?
Fùjìn yǒu shénme hǎorèn de biāozhì ma
푸찐 여우 션머 하오런 더 비아오쯔 마

B 有个超市。
Yǒu ge chāoshì
여우 거 차오스

A : 지하철역에서 댁까지 어떻게 가죠?
B : 개찰구를 나와 비탈길을 따라 끝까지 오면 되요.
A : 근처에 알아보기 쉬운 곳이 있나요?
B : 마트가 있어요.

◆ 제가 안내할게요, 절 따라 오세요.

我带你去，请跟我来。
Wǒ dài nǐ qù　　qǐng gēn wǒ lái
워 따이 니 취　　칭 끄언 워 라이

◆ 제가 약도를 그려드릴게요.

我给你画个地图吧。
Wǒ gěi nǐ huà ge dìtú ba
워 게이 니 후아 거 띠투 바

◆ 저 신호등 쪽에 있어요.

在红绿灯那边。
Zài hónglǜdēng nàbiān
짜이 홍뤼떵 나삐엔

◆ 저 건물 옆에 있습니다.

就在那个大楼的旁边。
Jiù zài nà ge dàlóu de pángbiān
찌우 짜이 나 거 따러우 더 팡삐엔

◆ 오른쪽으로 돌아서 계속 앞으로 가면 됩니다.

往右拐，一直往前走就到了。
Wǎng yòu guǎi　yìzhí wǎng qián zǒu jiù dào le
왕 여우 구아이　이즈 왕 치엔 저우 찌우 따오 러

◆ 두 번째 4거리에서 우회전하면 도착합니다.

走到第二个十字路口往左拐就到了。
Zǒu dào dì èr ge shízìlùkǒu wǎng zuó guǎi jiù dào le
저우 따오 띠 얼 거 스쯔루커우 왕 주어 구아이 찌우 따오 러

교통편을 알려줄 때

你在那儿坐车吧。
Nǐ zài nàr zuò chē ba
저쪽에서 타세요.

A 请问你，坐地铁能到爱宝乐园吗?
Qǐngwèn nǐ　zuò dìtiě néng dào Aìbǎolèyuán ma
칭 원 니　쭈어 띠티에 넝 따오 아이바오르어위엔 마

B 地铁不到爱宝乐园。
Dìtiě bú dào Aìbǎolèyuán
띠티에 부 따오 아이바오르어위엔

A 那么，坐什么车呢?
Nàme　zuò shénme chē ne
나머　쭈어 션머 처 너

B 坐公共汽车，走，我带你去公共汽车站。
Zuò gōnggòngqìchē　zǒu　wǒ dài nǐ qù gōnggòngqìchēzhàn
쭈어 꽁꽁치처　저우　워 따이 니 취 꽁꽁치처짠

A : 말씀 좀 여쭐게요, 지하철을 타면 에버랜드에 가나요?

B : 지하철은 에버랜드에 가지 않습니다.

A : 그러면 어떤 차를 타야 하나요?

B : 버스를 타세요, 자, 버스정류장까지 데려다줄게요.

◆ 저와 함께 타세요.

你跟我一起上车吧。
Nǐ gēn wǒ yìqǐ shàngchē ba
니 끄언 워 이치 샹처 바

◆ 지하철이나 버스 모두 갑니다.

坐地铁或公共汽车都可以到。
Zuò dìtiě huò gōnggòngqìchē dōu kěyǐ dào
쭈어 띠티에 후어 꽁꽁치처 떠우 크어이 따오

◆ 311번 버스를 타세요.

请坐311路车吧。
Qǐng zuò sān yāo yāo lù chē ba
칭 쭈어 싼 야오 야오 루 처 바

* 전화번호나 방 호수에 쓰이는 숫자 1은 yāo로 발음한다.

◆ 치엔먼 정류장을 지나는 버스는 모두 그곳에 갑니다.

经过前门车站的车都可以到那里。
Jīngguò Qiánmén chēzhàn de chē dōu kěyǐ dào nàli
찡꾸어 치엔먼 처짠 더 처 떠우 크어이 따오 나리   *经过 경유하다, 거치다

◆ 세 번째 정류장에서 내리세요.

在第三站下车。
Zài dì sān zhàn xiàchē
짜이 띠 싼 짠 시아처

◆ 36번 버스를 타고 치엔먼에서 갈아타세요.

坐36路公共汽车到前门站换车。
Zuò sān liù lù gōnggòngqìchē dào Qiánménzhàn huànchē
쭈어 싼 리우 루 꽁꽁치처 따오 치엔먼짠 후안처

* 换车 환승하다, 도차라고도 한다.

29 먼저 자리에서 일어나야 할 때

A 我想和你商量一些事。
Wǒ xiǎng hé nǐ shāngliáng yìxiē shì
워 시앙 흐어 니 샹리앙 이시에 스

B 对不起，我现在有点儿急事，得马上出去呢。
Duì bu qǐ wǒ xiànzài yǒu diǎnr jíshì děi mǎshàng chūqu ne
뚜에이 부 치 워 시엔짜이 여우 디알 지스 데이 마샹 추취 너

A 那，以后再说吧。
Nà yǐhòu zài shuō ba
나 이허우 짜이 수어 바

B 好的。晚上请打个电话过来。
Hǎode wǎnshang qǐng dǎ ge diànhuà guòlai
하오더 완샹 칭 다 거 띠엔후아 꿔라이

A : 상의하고 싶은 일이 있어요.

B : 미안해요, 지금 급한 일이 있어서 바로 나가야해요.

A : 그러면 다음에 다시 얘기하죠.

B : 그래요. 저녁에 전화 주세요.

♦ 미안합니다, 먼저 실례하겠습니다.

抱歉，我先失陪了。
Bàoqiàn　wǒ xiān shīpéi le
빠오치엔　워 시엔 스페이 러

♦ 말씀 나누세요, 저는 일이 있어 먼저 가보겠습니다.

你们聊，我有点事，要先走了。
Nǐmen liáo　wǒ yǒu diǎn shì　yào xiān zǒu le
니먼 리아오　워 여우 디엔 스　야오 시엔 저우 러

♦ 맞다, 집에 급한 일이 있어요, 우리 내일 다시 얘기하면 안 될까요?

对了，我家里有急事，我们明天再谈好吗？
Duì le　wǒ jiāli yǒu jíshì　wǒmen míngtiān zài tán hǎo ma
뚜에이 러　워 찌아리 여우 지스　워먼 밍티엔 짜이 탄 하오 마

♦ 미안합니다, 약속시간이 다 되어서 먼저 가보겠습니다.

对不起，我要赶时间，先走了。
Duì bu qǐ　wǒ yào gǎn shíjiān　xiān zǒu le
뚜에이 부 치　워 야오 간 스찌엔　시엔 저우 러

* 赶时间 시간이 빠듯하다, 시간에 대다

♦ 죄송합니다, 6시에 일이 있어서 실례하겠습니다.

对不起，我6点有事，失陪了。
Duì bu qǐ　wǒ liù diǎn yǒu shì　shīpéi le
뚜에이 부 치　워 리우 디엔 여우 스　스페이 러

* 失陪 실례하다, 손님을 두고 먼저 떠날 때 쓰는 말

♦ 미안합니다, 회사에 급한 일이 있어서 가봐야겠습니다.

不好意思，我们公司有点儿急事，先走了。
Bùhǎoyìsi　wǒmen gōngsī yǒu diǎnr jíshì　xiān zǒu le
뿌하오이쓰　워먼 꽁쓰 여우 디알 지스　시엔 저우 러

* 不好意思 미안하다, 부끄럽다

30. 손님을 안내할 때

请到这边来!
Qǐng dào zhèbiān lái
이쪽으로 오세요!

A 我是韩国来的金明教，和总经理约好3点钟见面。
Wǒ shì hánguó lái de Jīn míngjiào hé zǒngjīngjǐ yuē hǎo sān diǎn zhōng jiànmiàn
워 스 한구어 라이 더 찐 밍찌아오   흐어 종찡리 위에 하오 싼 디엔 쫑 찌엔미엔

B 是的，我们正等着你呢。
Shìde wǒmen zhèng děng zhe nǐ ne
스더   워먼 쩡 덩 저 니 너

A 对不起，我来迟了。
Duì bu qǐ wǒ lái chí le
뚜에이 부 치   워 라이 츠 러

B 哪里，哪里。我带你去总经理室，请往这边走。
Nǎli nǎli wǒ dài nǐ qù zǒngjīnglǐshì qǐng wǎng zhèbiān zǒu
나리 나리 워 따이 니 취 종찡리스   칭 왕 쩌삐엔 저우

　A : 저는 한국에서 온 김명교입니다.
　　　사장님과 3시에 만나기로 약속했는데요.
　B : 네, 기다리고 있었습니다.
　A : 미안합니다, 제가 늦었어요.
　B : 아닙니다. 사장님 방으로 안내해드릴게요. 이쪽으로 오세요.

◆ 안쪽으로 가세요.

请往里边走。
Qǐng wǎng lǐbiān zǒu
칭 왕 리비엔 저우

* 往 ~방향으로

◆ 저를 따라 오세요.

请跟我来。
Qǐng gēn wǒ lái
칭 끄언 워 라이

◆ 응접실로 들어가세요.

请进接待室。
Qǐng jìn jiēdàishì
칭 찐 찌에따이스

◆ 제가 모시고 가죠.

我领你去吧。
Wǒ lǐng nǐ qù ba
워 링 니 취 바

◆ 제가 책임자가 계신 곳으로 안내하겠습니다.

我带你到负责人那儿去。
Wǒ dài nǐ dào fùzérén nàr qù
워 따이 니 따오 푸저런 나얼 취

◆ 저와 함께 가세요, 안내해드릴게요.

请跟我走，我带你去。
Qǐng gēn wǒ zǒu   wǒ dài nǐ qù
칭 끄언 워 저우   워 따이 니 취

31 다른 사람이 부를 때

A 你什么时候来呢?
   Nǐ shénme shíhou lái ne
   니 션머 스허우 라이 너

B 我这就来。
   Wǒ zhè jiù lái
   워 쩌 찌우 라이

A 那我等你。
   Nà wǒ děng nǐ
   나 워 덩 니

B 好，我马上就去。
   Hǎo wǒ mǎshàng jiù qù
   하오 워 마샹 찌우 취

A : 언제 오세요?

B : 바로 갈게요.

A : 그러면 기다릴게요.

B : 네, 지금 바로 갈게요.

◆ 저 지금 바로 가요.

我现在就来。
Wǒ xiànzài jiù lái
워 시엔짜이 찌우 라이

◆ 갑니다, 가요.

来了，来了。
lái le　　lái le
라이 러　라이 러

◆ 조금만 기다리세요, 바로 갈게요.

你们等一下，我马上就来。
Nǐmen děng yí xià　　wǒ mǎshàng jiù lái
니먼 덩 이 시아　　워 마샹 찌우 라이

◆ 먼저 시작하세요, 저도 바로 갈게요.

你们先开始吧，我这就来。
Nǐmen xiān kāishǐ ba　　wǒ zhè jiù lái
니먼 시엔 카이스 바　　워 쩌 찌우 라이

◆ 저 기다리지 마세요, 바로 갈게요.

你们不要等我，我一会儿就来。
Nǐmen bú yào děng wǒ　　wǒ yí huìr jiù lái
니먼 부 야오 덩 워　　워 이 후얼 찌우 라이

◆ 모두들 기다리고 있어요, 일을 마치면 바로 오세요.

大家在等着你，工作做好了就赶快过来。
Dàjiā zài děng zhe nǐ　　gōngzuò zuò hǎo le jiù gǎnkuài guòlai
따찌아 짜이 덩 저 니　　꽁쭈어 쭈어 하오 러 찌우 간쿠아이 꾸어라이

32 이미 충분함을 표현할 때

我吃饱了。
Wǒ chī bǎo le
배불리 먹었습니다.

A 你没吃多少菜。
　　Nǐ méi chī duōshǎo cài
　　니 메이 츠 뚜어샤오 차이

B 我吃不少了。
　　Wǒ chī bù shǎo le
　　워 츠 뿌 샤오 러

A 你再吃点儿吧。
　　Nǐ zài chī diǎnr ba
　　니 짜이 츠 디알 바

B 不行了，我吃得太多了。
　　Bù xíng le　　wǒ chī de tài duō le
　　뿌 싱 러　　　워 츠 더 타이 뚜어 러

　A : 조금밖에 안 드셨네요?
　B : 많이 먹었습니다.
　A : 조금 더 드세요.
　B : 아니에요, 정말 많이 먹었어요.

◆ 배불리 먹었습니다.

我吃饱了。
Wǒ chī bǎo le
워 츠 바오 러

◆ 많이 먹었습니다.

我吃得太多了。
Wǒ chī de tài duō le
워 츠 더 타이 뚜어 러

◆ 이제 충분합니다.

我已经饱了。
Wǒ yǐjing bǎo le
워 이징 바오 러

◆ 대접 잘 받았습니다.

我已经酒足饭饱了。
Wǒ yǐjing jiǔzúfànbǎo le
워 이징 지우주판바오 러

* 酒足饭饱 : 원래는 '술과 밥을 배불리 먹다'라는 의미지만 남에게 대접을 받고 하는 인사로 주로 쓰인다.

◆ 많이 먹었습니다. 더는 사양하겠습니다.

我已经吃得很多了，不想再要了。
Wǒ yǐjing chī de hěn duō le,   bù xiǎng zài yào le
워 이징 츠 더 흐언 뚜어 러   뿌 시앙 짜이 야오 러

◆ 술을 더 이상 못 마시겠어요.

酒已经喝不下了。
Jiǔ yǐjing hē bu xià le
지우 이징 흐어 부 시아 러

33. 주의를 환기시킬 때

留心脚下!
Liúxīn jiǎo xià
발밑을 조심하세요!

A 请慢走。
Qíng màn zǒu
칭 만 저우

B 好，没问题。
Hǎo méi wèntí
하오 메이 원티

A 哎呀！那边脏，小心踩到。
Āiyā nàbiān zāng xiǎoxīn cǎi dào
아이야 나비엔 짱 시아오신 차이 따오

B 真的，差点儿踩到。
Zhēnde chà diǎnr cǎi dào
쩐더 차 디알 차이 따오

A : 천천히 가세요.

B : 네, 괜찮습니다.

A : 이런, 저쪽은 더럽네요, 밟지 마세요.

B : 정말요, 하마터면 밟을 뻔했어요.

◆ 길이 미끄러워요, 조심하세요.

路滑，请小心。
Lù huá　　qǐng xiǎoxīn
루 후아　　칭 시아오신

◆ 어두워졌어요, 조심하세요!

天黑了，留点儿神！
Tiān hēi le　　liú diǎnr shén
티엔 헤이 러　　리우 디알 션

◆ 계단이 가팔라요, 조심하세요.

楼梯很陡，请小心。
Lóutī hěn dǒu　　qǐng xiǎoxīn
러우티 흐언 더우　　칭 시아오신

◆ 길이 나쁩니다. 넘어지지 않게 조심하세요.

路不好走，小心别摔着。
Lù bù hǎo zǒu　　xiǎoxīn bié shuāi zhe
루 뿌 하오 저우　　시아오신 비에 수아이 저

◆ 날씨가 무더워요, 건강 조심하세요.

天气热，要注意身体。
Tiānqì rè　　yào zhùyì shēntǐ
티엔치 르어　　야오 쭈이 션티

◆ 길이 미끄러우니 운전할 때 조심하세요.

道路滑，开车要格外小心。
Dàolù huá　　kāi chē yào géwài xiǎoxīn
따오루 후아　　카이 처 야오 그어와이 시아오신

187

34. 중요한 일을 잊었을 때

对不起，我忘记了!
Duì bu qǐ wǒ wàngjì le
죄송해요 깜빡했어요!

A 你把那本书带来了吗?
   Nǐ bǎ nà běn shū dàilai le ma
   니 바 나 번 수 따이라이 러 마

B 糟糕，我忘记带来了。
   Zāogāo   wǒ wàngjì dàilai le
   짜오까오   워 왕찌 따이라이 러

A 那就算了吧。
   Nà jiù suàn le ba
   나 찌우 쑤안 러 바

B 我明天一定带来。
   Wǒ míngtiān yídìng dàilai
   워 밍티엔 이띵 따이라이

A : 그 책 가져오셨나요?
B : 이런, 깜빡했어요.
A : 그럼 할 수 없죠.
B : 아녜요, 내일 꼭 가져올게요.

◆ 이 일은 잊고 있었어요.

这件事，我记不得了。
Zhè jiàn shì   wǒ jì bu de le
쩌 찌엔 스   워 찌 부 더 러

◆ 이 일은 제 기억에 없어요.

这件事，我没印象。
Zhè jiàn shì   wǒ méi yìnxiàng
쩌 찌엔 스   워 메이 인시앙

◆ 이 일을 까맣게 잊고 있었어요.

我把这件事忘得一干二净。
Wǒ bǎ zhè jiàn shì wàng de yìgānèrjìng
워 바 쩌 찌엔 스 왕 더 이깐얼찡   *一干二净 깨끗이, 모조리

◆ 그에게 말하는 걸 깜빡했어요.

我忘记告诉他了。
Wǒ wàngjì gàosu tā le
워 왕지 까우수 타 러

◆ 이런! 생각이 나지 않아요.

糟了！我想不起来了。
Zāo le   Wǒ xiǎng buqǐlai le
짜오 러   워 시앙 부치라이 러

◆ 죄송해요, 당신이 부탁한 일을 깜빡했어요.

对不起！我忘了你交代的事。
Duì bu qǐ   Wǒ wàng le nǐ jiāodài de shì
뚜에이 부 치   워 왕 러 니 찌아오따이 더 스   *交代 부탁하다

35. 능력이 안 됨을 나타낼 때

A 请抽烟。
Qǐng chōuyān
칭 처우이엔

B 对不起，我不会抽。
Duì bu qǐ　　wǒ bú huì chōu
뚜에이 부 치　　워 부 후에이 처우

A 那请吃点儿点心吧。
Nà qǐng chī diǎnr diǎnxin ba
나 칭 츠 디알 디엔신 바

B 谢谢。
Xièxie
시에시에

A 喝杯咖啡怎么样？
Hē bēi kāfēi zěnmeyàng
흐어 뻬이 카페이 전머양

B 好的，那就麻烦您了。
Hǎo de　　nà jiù máfan nín le
하오 더　　나 찌우 마판 닌 러

我不会。
Wǒ bú huì
저는 못하겠어요.

A : 담배 한 대 피우세요.

B : 죄송해요, 담배 안 피워요.

A : 그럼 디저트라도 좀 드세요.

B : 고맙습니다.

A : 커피라도 드시겠어요?

B : 네, 감사합니다.

◆ 저는 담배를 안 피워요.

我不会抽烟。
Wǒ bú huì chōuyān
워 부 후에이 처우이엔

◆ 독한 술을 못 마십니다.

烈酒我不能喝。
Lièjiǔ wǒ bú néng hē
리에지우 워 부 넝 흐어

◆ 일본어를 잘 못해요.

我不太会说日语。
Wǒ bú tài huì shuō Rìyǔ
워 부 타이 후에이 수어 르위

◆ 마작에 대해서 하나도 몰라요.

麻将我一窍不通。
Májiàng wǒ yíqiàobùtōng
마찌앙 워 이치아오뿌통

*一窍不通 어떤 일에 문외한이다

◆ 한국 노래를 조금 할 줄 압니다.

我会唱一点儿韩国歌。
Chàng yì diǎnr Hánguó gē wǒ huì
창 이 디알 한구어 끄어 워 후에이

36 상대방의 말을 못 알아들을 때

我不明白。
Wǒ bù míngbai
무슨 말인지 모르겠어요.

A 你懂汉语吗?
   Nǐ dǒng Hànyǔ ma
   니 동 한위 마

B 我不懂, 小王懂。
   Wǒ bù dǒng   Xiǎowáng dǒng
   워 뿌 동   시아오왕 동

A 小王在哪里呢?
   Xiǎowáng zài nǎli ne
   시아오왕 짜이 나리 너

B 不知道, 请你问小李吧。
   Bù zhīdao   qǐng nǐ wèn Xiǎolǐ ba
   뿌 쯔다오   칭 니 원 시아오리 바

   A : 중국어 할 줄 아시나요?

   B : 아니요, 시아오왕은 할 줄 알아요.

   A : 시아오왕은 어디 있죠?

   B : 모르겠어요, 시아오리에게 물어보세요.

◆ 잘 모르겠습니다.

我不清楚。
Wǒ bù qīngchu
워 뿌 칭추

◆ 잘 못 알아듣겠어요.

我听不懂。
Wǒ tīng bu dǒng
워 팅 부 동

◆ 반 정도는 알아듣겠어요.

我差不多能听懂一半。
Wǒ chà bu duō néng tīng dǒng yíbàn
워 차부뚜어 팅 동 이빤

◆ 아주 조금밖에 못 알아들었어요.

我只能听懂一点点。
Wǒ zhǐ néng tīng dǒng yì diǎndian
워 즈 팅 동 이 디엔디엔

◆ 하나도 못 알아듣겠어요.

我一点儿也不懂。
Wǒ yì diǎnr yě bù dǒng
워 이 디알 이에 뿌 동

◆ 잘 모르는 부분이 있어요.

还有一些地方不太清楚。
Hái yǒu yìxiē dìfāng bú tài qīngchu
하이 여우 이 시에 띠팡 부 타이 칭추

37 상대방의 말을 알아들었을 때

A 我说的话，你明白了吗?
Wǒ shuō de huà   nǐ míngbai le ma
워 수어 더 후아   니 밍바이 러 마

B 明白了。
Míngbai le
밍바이 러

A 那就麻烦你了。
Nà jiù máfan nǐ le
나 찌우 마판 니 러

B 好，我去告诉她。
Hǎo   wǒ qù gàosu tā
하오   워 취 까오수 타

A : 제가 한 말, 알아들으셨나요?
B : 알겠습니다.
A : 그러면 좀 부탁드릴게요.
B : 네, 그에게 말해보죠.

◆ 알겠습니다.

清楚了。
Qīngchu le
칭추 러

◆ 대충 알아들었어요.

差不多都明白了。
Chà bu duō dōu míngbai le
차 부 뚜어 떠우 밍바이 러

◆ 알았어요, 내일 꼭 갈게요.

知道了，我明天一定去。
Zhīdao le   wǒ míngtiān yídìng qù
쯔다오 러   워 밍티엔 이띵 취

◆ 웬만큼은 이해했어요.

多少听懂一些。
Duōshǎo tīng dǒng yìxiē
뚜어샤오 팅 동 이시에

◆ 이미 이해했습니다.

我已经了解了。
Wǒ yǐjing liǎojiě le
워 이징 리아오지에 러

◆ 모르는 부분은 확실히 알 때 까지 물어보세요.

不清楚的地方要重新问到完全了解为止。
Bù qīngchu de dìfāng yào chóngxīn wèn dào wánquán liǎojiě wéizhǐ
뿌 칭추 더 띠팡 야오 충신 원 따오 완취엔 리아오지에 웨이즈

* 到 ~为止 ~할 때까지

38. 사과의 메시지를 전할 때

对不起!
Duì bu qǐ
죄송합니다!

A 对不起，我来迟了。
　　Duì bu qǐ　　wǒ lái chí le
　　뚜에이 부 치　　워 라이 츠 러

B 没关系。
　　Méi guānxi
　　메이 꾸안시

A 让您久等了，真不好意思。
　　Ràng nín jiǔ děng le　zhēn bù hǎo yìsi
　　랑 닌 지우 덩 러　　쩐 뿌 하오 이쓰

B 哪里，哪里，我也刚来。
　　Nǎli　　nǎli　　wǒ yé gāng lái
　　나리　　나리　　워 이에 깡 라이

　A : 죄송합니다. 늦었습니다.
　B : 괜찮습니다.
　A : 오래 기다리셨죠, 정말 죄송합니다.
　B : 아니에요, 저도 방금 왔어요.

♦ 죄송해요, 잊고 있었어요.

对不起，我忘了。
Duì bu qǐ　　wǒ wàng le
뚜에이 부 치　워 왕 러

♦ 죄송합니다만 저는 못 가요.

对不起，我不能去。
Duì bu qǐ　　wǒ bù néng qù
뚜에이 부 치　워 뿌 넝 취

♦ 죄송해요, 갑자기 일이 생겨서 못 갑니다.

对不起，临时有事去不成了。
Duì bu qǐ　　línshí yǒu shì qù bù chéng le
뚜에이 부 치　린스 여우 스 취 뿌청 러

♦ 죄송합니다. 저는 안 될 것 같아요.

对不起，我实在不行。
Duì bu qǐ　　wǒ shízài bù xíng
뚜에이 부 치　워 스짜이 뿌 싱

♦ 제가 잘못했어요, 정말 죄송합니다.

我弄错了，很抱歉。
Wǒ nòng cuò le　hěn bàoqiàn
워 농 추어 러　흐언 빠오치엔

♦ 몇 번이고 해봤는데 못하겠어요. 죄송합니다.

我试了几次，都无法做好，很抱歉。
Wǒ shì le jǐ cì　　dōu wúfǎ zuò hǎo　　hěn bàoqiàn
워 스 러 지 츠　떠우 우파 쭈어 하오　흐언 빠오치엔

39 의견을 제시할 때

我想提一点意见。
Wǒ xiǎng tí yì diǎn yìjiàn
의견을 말씀드리겠습니다.

A 有个问题，我想跟您商量商量。
Yǒu ge wèntí　wǒ xiǎng gēn nín shāngliang shāngliang
여우 거 원티　워 시앙 끄언 닌 샹리앙 샹리앙

B 什么事呢?
Shénme shì ne
션머 스 너

A 这份文件有些地方能不能修改?
Zhè fèn wénjiàn yǒuxiē dìfāng néng bu néng xiūgǎi
쩌 펀 원찌엔 여우 시에 띠팡 넝 부 넝 시우가이

B 可以。改什么地方?
Kěyǐ　Gǎi shénme dìfāng
크어이　가이 션머 띠팡

A : 당신과 상의하고 싶은 문제가 있어요.

B : 무슨 일인데요?

A : 이 파일 좀 수정해주실 수 있나요?

B : 그래요? 어디를 고치면 되죠?

♦ 이 문제 다시 생각해보셨나요?

这个问题，是不是重新考虑一下？
Zhè ge wèntí　　shì bu shì chóngxīn kǎolǜ yí xià
쩌 거 원티　　스 부 스 총신 카오뤼 이 시아

♦ 이 문제는 다시 생각해봐야 할 것 같아요.

我认为这个问题有必要再考虑考虑。
Wǒ rènwéi zhè ge wèntí yǒu bìyào zài kǎolǜ kǎolǜ
워 런웨이 쩌 거 원티 여우 삐야오 짜이 카오뤼 카오뤼

♦ 여기 글자를 고쳐줄 수 없을까요?

这里的文字是不是能够修改一下？
Zhèli de wénzì shì bu shì nénggòu xiūgǎi yí xià
쩌리 더 원즈 스 부 스 넝꺼우 시우가이 이 시아

♦ 당신과 먼저 상의할 일이 있어요.

有件事，我想先跟你说一下。
Yǒu jiàn shì　　wǒ xiǎng xiān gēn nǐ shuō yí xià
여우 찌엔 스　　워 시앙 시엔 끄언 니 수어 이 시아

♦ 제 생각을 말씀드리고 싶어요.

我想说明我的看法。
Wǒ xiǎng shuōmíng wǒ de kànfǎ
워 시앙 수어밍 워 더 칸파

♦ 저는 그 의견에 동의 할 수 없습니다.

我不同意你的意见。
Wǒ bù tóngyì nǐ de yìjiàn
워 뿌 통이 니 더 이찌엔

40 날씨에 대해 말할 때

A 真热啊!
　Zhēn rè a
　쩐 르어 아

B 是啊，今天怎么这么热呢。
　Shì a　　jīntiān zěnme zhème rè ne
　스 아　　찐티엔 전머 쩌머 르어 너

A 我们到有冷气的咖啡店去吧。
　Wǒmen dào yǒu lěngqì de kāfēidiàn qù ba
　워먼 따오 여우 렁치 더 카페이띠엔 취 바

B 好主意。
　Hǎo zhǔyi
　하오 주이

　A : 정말 덥군요!
　B : 그래요, 오늘 정말 더워요.
　A : 우리 시원한 커피숍이라도 가요.
　B : 좋은 생각이에요.

♦ 오늘 정말 더워요!

今天太热了!
Jīntiān tài rè le
찐티엔 타이 르어러

♦ 더워서 참을 수가 없어요.

热得受不了。
Rè de shòu bu liǎo
르어더 셔우 부 리아오

♦ 더워서 온 몸이 끈적거려요.

热得身上都粘了。
Rè de shēn shang dōu nián le
르어더 션 샹 떠우 니엔 러

♦ 더워서 숨을 쉴 수가 없어요.

热得透不过气来。
Rè de tòubuguò qì lái
르어더 터우부꾸어 치 라이

♦ 후덥지근해서 어지러울 지경이에요.

闷热得快要晕了。
Mēnrè de kuài yào yūn le
먼르어더 쿠아이 야오 윈 러

♦ 오늘 날씨가 정말 춥습니다.

今天天气很冷。
Jīntiān tiānqì hěn lěng
찐티엔 티엔치 흐언 렁

41 컨디션이 좋지 않을 때

A 我有点儿不舒服。
Wǒ yǒu diǎnr bù shūfu
워 여우 디알 뿌 수푸

B 你哪里不舒服?
Nǐ nǎli bù shūfu
니 나리 뿌 수푸

A 有点儿头疼，好像发烧。
Yǒu diǎnr tóu téng hǎoxiàng fā shāo
여우 디알 터우 텅 하오시앙 파 샤오

B 可能是感冒了，赶快吃药吧。
Kěnéng shì gǎnmào le gǎnkuài chī yào ba
크어넝 스 간마오 러 간쿠아이 츠 야오 바

A : 몸이 좀 안 좋아요.
B : 어디가 안 좋은데요?
A : 머리가 좀 아프고 열도 나요.
B : 감기에 걸렸나 봐요. 어서 약을 먹어요.

◆ 배가 좀 아파요.

我肚子有点儿不舒服。
Wǒ dùzi yǒu diǎnr bù shūfu
워 뚜즈 여우 디알 뿌 수푸

◆ 온 몸에 힘이 없어요.

浑身没劲儿。
Húnshēn méi jìnr
훈션 메이 찔

◆ 온 몸이 시큰거려요.

我浑身酸痛。
Wǒ húnshēn suāntòng
워 훈션 쑤안통

*酸痛 시큰거리다

◆ 구역질이 좀 나요.

有点儿恶心。
Yǒu diǎnr ěxin
여우 디알 으어신

◆ 배가 좀 아파요. 병원에 가야겠어요.

我肚子不舒服，要去看医生。
Wǒ dùzi bù shūfu,　　yào qù kàn yīshēng
워 뚜즈 뿌 수푸　　　야오 취 칸 이성

*看医生 진찰 받으러 가다

◆ 오늘 감기에 걸려서 컨디션이 안 좋아요.

我今天感冒，身体不舒服。
Wǒ jīntiān gǎnmào,　shēntǐ bù shūfu
워 찐티엔 간마오　　션티 뿌 수푸

42. 음식 맛이 좋을 때

A 合不合您的口味?
   Hé bu hé nín de kǒuwèi
   흐어 부 흐어 닌 더 커우웨이

B 很好吃! 正合我的口味。
   Hěn hǎochī Zhèng hé wǒ de kǒuwèi
   흐언 하오츠 쩡 흐어 워 더 커우웨이

A 这个鱼汤怎么样?
   Zhè ge yútāng zěnmeyàng
   쩌 거 위탕 전머양

B 味道特别鲜美。
   Wèidao tèbié xiānměi
   웨이다오 트어비에 시엔메이

A : 입맛에 맞으세요?
B : 맛있어요! 제 입에 딱 맞아요.
A : 이 매운탕 어떠세요?
B : 맛이 정말 기가 막히네요.

◆ 맛이 훌륭해요.

味道很好。
Wèidao hěn hǎo
웨이다오 흐언 하오

◆ 정말 맛있어요!

太好吃了!
Tài hǎochī le
타이 하오츠 러

◆ 이렇게 맛있는 음식은 한 번도 못 먹어 봤어요.

这么好吃的东西，我从来没吃过。
Zhème hǎochī de dōngxi　　wǒ cónglái méi chī guo
쩌머 하오츠 더 똥시　　워 총라이 메이 츠 구어

◆ 이 탕 정말 맛이 좋네요.

这碗汤特别好喝。
Zhè wǎn tāng tèbié hǎohē
쩌 완 탕 트어비에 하오흐어

*碗 공기나 사발을 세는 양사

◆ 맛이 정말 기가 막혀요!

这味道太棒了!
Zhè wèidao tài bàng le
쩌 웨이다오 타이 빵 러

◆ 만두가 참 맛있어요.

这包子真香。
Zhè bāozi zhēn xiāng
쩌 빠오즈 쩐 시앙

*香 음식 맛이 좋다

43. 호의를 받아드릴 때

那我就不客气了。
Nà wǒ jiù bú kèqi le
그럼 사양하지 않겠습니다.

A 今晚喝得真痛快啊。
　　Jīn wǎn hē de zhēn tòngkuai a
　　찐 완 흐어 더 쩐 통쿠아이 아

B 时间不早了，您也该休息了吧。
　　Shíjiān bù zǎo le　　nín yě gāi xiūxi le ba
　　스찌엔 뿌 자오 러　　닌 이에 까이 시우시 러 바

A 你难得来一次，再喝一点吧。
　　Nǐ nán dé lái yícì　　zài hē yì diǎn ba
　　니 난 더 라이 이 츠　　짜이 흐어 이 디엔 바

B 那我就不客气了。
　　Nà wǒ jiù bú kèqi le
　　나 워 찌우 부 크어치 러

　　A : 오늘 저녁 실컷 마셨네요.
　　B : 시간이 늦었어요, 어서 쉬셔야죠.
　　A : 어렵게 오셨는데 한 잔 더 해야죠.
　　B : 그렇다면 사양하지 않겠습니다.

◆ 수고 좀 해주세요.

那我就麻烦你了。
Nà wǒ jiù máfan nǐ le
나 워 찌우 마판 니 러

◆ 그럼 부탁드립니다.

那我就拜托你了。
Nà wǒ jiù bàituō nǐ le
나 워 찌우 빠이투어 니 러

◆ 이렇게 사양하시다니, 그럼 거절하지 않겠습니다.

你这么客气，那我就不推辞了。
Nǐ zhème kèqi　　nà wǒ jiù bù tuīcí le
니 쩌머 크어치　　나 워 찌우 뿌 투에이츠 러　　＊推辞 사양하다

◆ 호의를 거절할 수 없으니, 사양하지 않겠습니다.

盛情难却，我就收下了。
Shèngqíngnánquè　wǒ jiù shōu xià le
성칭난취에　　　　워 찌우 셔우 시아 러

＊盛情难却 융숭한 대접은 거절하기 어렵다

◆ 그럼 고맙게 생각하고 댄스파티에 참석하겠습니다.

那我就不客气地参加舞会了。
Nà wǒ jiù bú kèqi de cānjiā wǔhuì le
나 워 찌우 부 크어치 더 찬찌아 우후에이 러

＊地 : 동사나 형용사를 수식할 때는 的 대신 地를 씁니다.

◆ 그렇다면 사양하지 않을게요, 감사합니다.

那我就不客气了，谢谢你。
Nà wǒ jiù bú kèqi le　　xièxie nǐ
나 워 찌우 부 커치 러　　시에시에 니

44. 자신의 책임이 아님을 표현할 때

这不是我的错。
Zhè bú shì wǒ de cuò
제 잘못이 아니에요.

A : 为什么没有把东西带来呢?
Wèishénme méi yǒu bǎ dōngxi dàilai ne
웨이션머 메이 여우 바 똥시 따이라이 너

B : 这不是我的错。
Zhè bú shì wǒ de cuò
쩌 부 스 워 더 추어

A : 为什么呢?
Wèishénme ne?
웨이션머 너?

B : 你不是说不用带来吗?
Nǐ bú shì shuō bú yòng dàilai ma?
니 부 스 수어 부 용 따이라이 마?

A : 왜 물건 안 가지고 오셨죠?
B : 그건 제 책임이 아니에요.
A : 왜죠?
B : 가져올 필요 없다고 하셨잖아요.

◆ 이건 제 탓이 아닙니다.

这件事跟我没关系。
Zhè jiàn shì gēn wǒ méi guānxi
쩌 찌엔 스 끄언 워 메이 꾸안시

◆ 이건 제 책임이 아니에요.

这不是我的责任。
Zhè bú shì wǒ de zérèn
쩌 부 스 워 더 저런

◆ 이 일에 대해서 전 책임 없습니다.

这件事我不负任何责任。
Zhè jiàn shì wǒ bú fù rènhé zérèn
쩌 찌엔 스 워 부 푸 런흐어 저런

* 任何 : 어떠한 ~라도

◆ 제가 한 일이 아닙니다.

这不是我搞的。
Zhè bú shì wǒ gǎo de
쩌 부 스 워 가오 더

◆ 확인해 보세요, 저는 책임이 없어요.

请你们调查，我是没有责任的。
Qǐng nǐmen diàochá   wǒ shì méi yǒu zérèn de
칭 니먼 띠아오차   워 스 메이 여우 저런 더

◆ 저는 책임이 없으니, 절 탓하지 마세요.

我没有责任，不要怪我了。
Wǒ méiyǒu zérèn   bú yào guài wǒ le
워 메이여우 저런   부야오 꾸아이 워 러

45. 상대방의 잘못을 지적할 때

这太不像话了!
Zhè tài bú xiàng huà le
정말 말도 안 돼요!

A: 这件事还没有给我解决吗?
Zhè jiàn shì hái méi yǒu gěi wǒ jiějué ma
쩌 찌엔 스 하이 메이 여우 게이 워 지에쮜에 마

B: 快了,请再等一等。
Kuài le qǐng zài děng yi děng
쿠아이 러 칭 짜이 덩 이 덩

A: 怎么能这样拖呢,有点儿不像话。
Zěnme néng zhèyàng tuō ne yǒu diǎnr bú xiàng huà
전머 넝 쩌양 투어 너 여우 디알 부 시앙 후아

B: 我们再研究研究,一定会解决。
Wǒmen zài yánjiu yánjiu yídìng huì jiějué
워먼 짜이 이엔찌우 이엔찌우 이띵 후에이 지에쮜에

A: 이 일 아직도 해결 안 되었나요?
B: 곧 돼요, 잠시만 기다려주세요.
A: 이렇게 지연되다니, 정말 말도 안 돼요.
B: 저희가 지금 알아보고 있으니, 곧 해결될 겁니다.

◆ 그건 안 돼요!

那是不行的!
Nà shì bù xíng de
나 스 뿌 싱 더

◆ 어떻게 이럴 수 있어요?

这样怎么行呢?
Zhèyàng zěnme xíng ne
쩌양 전머 싱 너

◆ 정말 진지하지 못하군요.

这太不认真了。
Zhè tài bú rènzhēn le
쩌 타이 부 런쩐 러

◆ 정말 무책임하시군요.

这太不负责任了。
Zhè tài bú fù zérèn le
쩌 타이 부 푸 저런 러

◆ 그렇게 하시면 제가 곤란해요.

那样做，会使我难堪。
Nàyàng zuò   huì shǐ wǒ nánkān
나양 쭈어   후에이 스 워 난칸

* 使(사역동사) ~하게 하다

◆ 앞으로 주의하세요.

希望你以后注意。
Xīwàng nǐ yǐhòu zhùyì
시왕 니 이허우 쭈이

46 상대방에게 감탄했을 때

我真佩服。
Wǒ zhēn pèifú
대단하십니다.

A 黄先生的论文你看了吗?
Huáng xiānsheng de lùnwén nǐ kàn le ma
후앙 시엔셩 더 룬원 니 칸 러 마

B 看了，真了不起。
Kàn le　zhēn liǎo bu qǐ
칸 러　쩐 리아오 부 치

A 我很佩服他。
Wǒ hěn pèifú tā
워 흐언 페이푸 타

B 我也是。
Wǒ yě shì
워 이에 스

A : 황 선생님의 논문을 보셨습니까?

B : 봤어요. 정말 훌륭하던데요.

A : 저도 정말 탄복했어요.

B : 저도요.

♦ 정말 대단하십니다!

佩服！佩服！
Pèifú　　Pèifú
페이푸　페이푸

♦ 장난이 아니에요!

太不简单了!
Tài bù jiǎndān le
타이 뿌 지엔딴 러

♦ 진심으로 탄복했습니다.

实在令人佩服。
Shízai lìng rén pèifú
스짜이 링 런 페이푸

♦ 정말 잘 하셨어요.

做得太好了。
Zuò de tài hǎo le
쭈어 더 타이 하오 러

♦ 정말 감동했습니다.

实在令人感动。
shízai lìng rén gǎndòng
스짜이 링 런 간똥

♦ 역시 왕 선생님의 제자답습니다.

真不愧是王老师的学生。
Zhēn bú kuì shì Wáng lǎoshī de xuésheng
쩐 부 쿠에이 스 왕 라오스 더 쉬에셩

* 不愧 ~에 부끄럽지 않다, ~손색이 없다

47 안도의 뜻을 나타낼 때

这样我就放心了。
Zhèyàng wǒ jiù fàngxīn le
그렇다니 안심이네요.

A 那个误会解释开了。
   Nà ge wùhuì jiěshì kāi le
   나 거 우후에이 지에스 카이 러

B 那太好了!
   Nà tài hǎo le
   나 타이 하오 러

A 让您费心了。
   Ràng nǐ fèixīn le
   랑 니 페이신 러

B 没有没有，这样我也放心了。
   Méi yǒu méi yǒu　zhèyàng wǒ yě fàngxīn le
   메이 여우 메이 여우 쩌양 워 이에 팡신 러

　　A : 오해가 풀렸습니다.
　　B : 정말 다행입니다.
　　A : 신경 쓰게 해드렸군요.
　　B : 아니에요, 저도 이제 마음이 놓여요.

◆ 이제 저도 마음이 놓이네요.

这一下我可以放心了。
Zhè yí xià wǒ kěyǐ fàngxīn le
쩌 이 시아 워 크어이 팡신 러

◆ 이제 한 숨 돌리겠어요.

现在可以松口气了。
Xiànzài kěyǐ sōng kǒuqì le
시엔짜이 크어이 쏭 커우치 러

◆ 이제 가슴이 후련합니다.

心中的一块石头落下了。
Xīn zhōng de yíkuài shítou luò xià le
신 쭝 더 이쿠아이 스터우 루어 시아 러

* 心中石头终落地 답답한 일이 해결되다

◆ 드디어 문제가 해결되었습니다.

问题总算解决了。
Wèntí zǒng suàn jiějué le
원티 종 쑤안 지에쥐에 러

◆ 당신이 무사하다니 저도 마음이 놓여요.

听说你安然无恙，我松了一口气。
Tīngshuō nǐ ānránwúyàng   wǒ sōng le yì kǒuqì
팅수어 니 안란우양   워 쏭 러 이 커우치

* 安然无恙 아무 탈 없이 무사하다

◆ 성적이 올라서 어머니가 마음을 놓으셨어요.

成绩进步了，所以妈妈放心了。
Chéngjì jìnbù le   suǒyǐ māma fàngxīn le
청찌 찐뿌 러   수어이 마마 팡신 러

48 기쁜 소식을 들었을 때

那太好了!
Nà tài hǎo le
참 잘됐네요!

A　真的吗？真是好消息啊!
　　Zhēnde ma　zhēn shì hǎo xiāoxi a
　　쩐더 마　쩐 스 하오 시아오시 아

B　太叫人高兴了。
　　Tài jiào rén gāoxìng le
　　타이 찌아오 런 까오싱 러

A　我们应该庆祝庆祝啊!
　　Wǒmen yīnggāi qìngzhu qìngzhu a
　　워먼 잉까이 칭주 칭주 아

B　对呀。
　　Duì ya
　　뚜에이 야

　　A : 정말요? 기쁜 소식이군요.
　　B : 저도 참 기쁩니다.
　　A : 모두 함께 축하해줘야죠.
　　B : 그래요.

◆ 그거 참 잘됐어요!

这消息太好了！
Zhè xiāoxi tài hǎo le
쩌 시아오시 타이 하오 러

◆ 그래요? 정말 기뻐요.

是吗？我真高兴。
Shì ma　　Wǒ zhēn gāoxìng
스 마　　　 워 쩐 까오싱

◆ 정말 기뻐요!

太叫人高兴了！
Tài jiào rén gāoxìng le
타이 찌아오 런 까오싱 러

◆ 잘됐어요! 축하해줘야겠네요!

好极了！我们得庆祝庆祝啊！
Hǎo jí le　　Wǒmen děi qìngzhu qìngzhu a
하오 지 러　　워먼 데이 칭주 칭주 아

*得 마땅히 ~해야 한다

◆ 와! 정말 기뻐요!

哎呀！太高兴了！
Āiyā　　Tài gāoxìng le
아이야　　타이 까오싱 러

◆ 이거 정말 경사군요!

这可真是大喜事啊！
Zhè kě zhēn shì dà xǐshì a
쩌 크어 쩐 스 따 시스 아

49 추측을 나타낼 때

也许是那样吧。
Yěxǔ shì nàyàng ba
아마도 그럴 겁니다.

A 她是不是生气了?
   Tā shì bu shì shēngqì le
   타 스 부 스 셩치 러

B 不至于生气吧。
   Bú zhì yú shēngqì ba
   부 쯔 위 셩치 바

A 我看很像是生气了。
   Wǒ kàn hěn xiàng shì shēngqì le
   워 칸 흐언 시앙 스 셩치 러

B 不会吧。
   Bú huì ba
   부 후에이 바

A : 그녀가 화가 났나요?
B : 그런 것 같지는 않아요.
A : 제가 볼 때는 화난 것 같아요.
B : 그럴 리가요.

◆ 내일 비가 올 것 같아요.

明天说不定会下雨。
Míngtiān shuō bu dìng huì xià yǔ
밍티엔 수어 부 띵 후에이 시아 위

◆ 아마 괜찮을 겁니다.

大概可以吧。
Dàgài kěyǐ ba
따까이 크어이 바

◆ 그는 아마도 모를 거예요.

他恐怕不知道。
Tā kǒngpà bù zhīdao
타 콩파 뿌 쯔다오

◆ 아마도 깜빡했겠죠.

多半是忘了吧。
Duōbàn shì wàng le ba
뚜어빤 스 왕 러 바

◆ 그렇지는 않을 거예요.

不至于那样吧。
Bú zhì yú nàyàng ba
부 쯔 위 나양 바

◆ 그렇다고 알고 있어요.

大家都认为是那样。
Dàjiā dōu rènwéi shì nàyàng
따찌아 떠우 런웨이 스 나양

50 의외의 상황에 부딪혔을 때

真没想到!
Zhēn méi xiǎng dào
뜻밖이네요!

A 真没料到他会这样做。
Zhēn méi liào dào tā huì zhèyàng zuò
쩐 메이 리아오 따오 타 후에이 쩌양 쭈어

B 难道是真的?
Nándào shì zhēnde
난따오 스 쩐더

A 没错。
Méi cuò
메이 추어

B 怎么会这样呢?
Zěnme huì zhèyàng ne
전머 후에이 쩌양 너

A : 그가 그럴 줄은 정말 몰랐어요.
B : 그게 정말인가요?
A : 그럼요.
B : 어떻게 그럴 수가 있죠?

♦ 이거 정말 뜻밖입니다.

这太意外了。
Zhè tài yìwài le
쩌 타이 이와이 러

♦ 도대체 어떻게 된 일이죠!

到底是怎么一回事啊!
Dàodǐ shì zěnme yì huí shì a
따오디 스 전머 이 후에이 스 아 　* 到底 의문문에 쓰여 어기를 한 층 더 강조

♦ 당첨되셨다면서요? 정말인가요?

你中奖了，真的吗？
Nǐ zhòngjiǎng le zhēnde ma
니 쫑지앙 러　　쩐더 마

* 中奖에서 中은 '당첨되다, 합격하다' 라는 의미이다.

♦ 정말요? 어떻게 그럴 수 있죠?

真的？这怎么可能呢？
Zhēnde　Zhè zěnme kěnéng ne
쩐더　　쩌 전머 크어넝 너

♦ 정말요? 정말 못 믿겠어요.

真的？这真不敢相信。
Zhēnde　Zhè zhēn bù gǎn xiāngxìn
쩐더　　쩌 쩐 뿌 간 시앙신

♦ 저도 듣고 깜짝 놀랐어요.

我听说时，吃了一惊。
Wǒ tīngshuō shí　chī le yì jīng
워 팅수어 스　　츠 러 이 찡

상대방의 옷차림을 칭찬할 때

你的衣服真漂亮!
Nǐ de yīfu zhēn piàoliang
그 옷 정말 예뻐요!

A 这件衣服好极了。
Zhè jiàn yīfu hǎo jí le
쩌 찌엔 이푸 하오 지 러

B 是吗?
Shì ma
스 마

A 款式新颖，颜色也鲜艳。
Kuǎnshi xīnyǐng yánsè yě xiānyàn
쿠안스 신잉 이엔써 이에 시엔이엔

B 真的吗? 谢谢!
Zhēnde ma Xièxie
쩐더 마 시에시에

A : 이 옷 참 멋져요.
B : 그래요?
A : 디자인도 신선하고 색상도 화려하네요.
B : 정말요? 고마워요!

◆ 양복 질이 참 좋군요.

你这西装的料子很好。
Nǐ zhè xīzhuāng de liàozi hěn hǎo
니 쩌 시주앙 더 리아오즈 흐언 하오

* 서양식 복장이라는 의미의 西裝은 우리가 보통 말하는 양복을 뜻한다. 양식은 西餐 (xīcān), 서양은 西方(xīfāng), 이처럼 서양식을 가리키는 말에는 앞에 西가 붙는다.

◆ 당신의 상의 참 세련되었어요.

你的上衣很时髦。
Nǐ de shàngyī hěn shímáo
니 더 샹이 흐언 스마오

* 时髦 세련되다

◆ 당신이 입은 겉옷 참 멋져요.

你的大衣样子真不错。
Nǐ de dàyī yàngzi zhēn búcuò
니 더 따이 양즈 쩐 부추어

◆ 당신 스커트 색과 윗옷이 참 잘 어울려요.

你裙子的颜色和上衣配得真好。
Nǐ qúnzi de yánsè hé shàngyī pèi de zhēn hǎo
니 췬즈 더 이엔써 흐어 샹이 페이 더 쩐 하오

* 配 어울리다, 배합하다

◆ 당신이 입은 그 옷 참 잘 어울려요.

这件衣服你穿着很合适。
Zhè jiàn yīfu nǐ chuān zhe hěn héshì
쩌 찌엔 이푸 니 추안 저 흐언 흐어스

◆ 당신이 입은 옷 디자인이 참 세련되었어요.

你穿的衣服款式很时髦。
Nǐ chuān de yīfu kuǎnshi hěn shímáo
니 추안 더 이푸 쿠안스 흐언 스마오

상대방을 진정시킬 때

你别紧张。
Nǐ bié jǐnzhāng
긴장하지 마세요.

A 孩子还没回来呢!
Háizi hái méi huílai ne
하이즈 하이 메이 후에이라이 너

B 别着急，可能快回来了。
Bié zháojí   kěnéng kuài huílai le
비에 자오지   크어넝 쿠아이 후에이라이 러

A 是不是发生了什么事?
Shì bu shì fāshēng le shénme shì
스 부 스 파셩 러 션머 스

B 没有这回事。请放心。
Méi yǒu zhè huí shì   Qǐng fàngxīn
메이 여우 쩌 후에이 스   칭 팡신

A : 아이가 아직 안 왔어요.
B : 걱정하지 마요, 곧 돌아올 거예요.
A : 무슨 일이 생긴 걸까요?
B : 그럴 일 없어요, 걱정 마세요.

◆ 초조해하지 마세요.

你别着急。
Nǐ bié zháojí
니 비에 자오지

◆ 안심하세요!

你放心!
Nǐ fàngxīn
니 팡신

◆ 화내지 마세요.

别生气。
Bié shēngqì
비에 셩치

◆ 마음 놓으세요.

放轻松一点儿。
Fàng qīngsōng yì diǎnr
팡 칭송 이 디알

◆ 문제가 심각하지 않으니 걱정 마세요.

问题不大，不用着急。
Wèntí bú dà   bú yòng zháojí
원티 부 따   부 용 자오지

◆ 진정하세요.

你要镇静一点儿。
Nǐ yào zhènjìng yì diǎnr
니 야오 쩐찡 이 디알

53 상대를 위로할 때

别伤心!
Bié shāngxīn
낙심하지 마세요!

A 过去的事就忘了吧!
Guòqù de shì jiù wàng le ba
꾸어취 더 스 찌우 왕 러 바

B 我知道，但是心里难过啊。
Wǒ zhīdao, dànshì xīnli nánguò a
워 쯔다오   딴스 신리 난꾸어 아

A 老想着也没用啊。
Lǎo xiǎng zhe yě méi yòng a
라오 시앙 저 이에 메이 용 아

B 是啊。
Shì a
스 아

A : 지나간 일은 잊으세요.
B : 알지만 견디기가 힘드네요.
A : 계속 생각해보았자 소용없어요.
B : 그래요.

♦ 화내지 마세요.

别生气。
Bié shēngqì
비에 셩치

♦ 상심하지 마세요.

别伤心了。
Bié shāngxīn le
비에 샹신 러

♦ 기운 내세요, 그 일은 그만 잊어요.

提起精神来，那件事别再想了。
Tíqǐ jīngshen lái　　nà jiàn shì bié zài xiǎng le
티치 찡션 라이　　나 찌엔 스 비에 짜이 시앙 러

♦ 당신의 심정을 잘 알겠습니다.

你的心情，我很了解。
Nǐ de xīnqíng　　wǒ hěn liǎojiě
니 더 신칭　　워 흐언 리아오지에

♦ 실망하지 말고 굳건히 밀고 나가세요!

不要失望，坚强点儿！
Bú yào shīwàng　　jiānqiáng diǎnr
부 야오 스왕　　찌엔치앙 디알

* 坚强 굳건하다, 꿋꿋하다

♦ 중요한 물건을 잃어버렸어요, 정말 속상해요.

丢了贵重的东西，真可惜啊。
Diū le guìzhòng de dōngxi　　zhēn kěxī a
띠우 러 꾸에이쫑 더 똥시　　쩐 크어시 아

54 상대를 격려할 때

加油吧!
Jiāyóu ba
힘내요!

A **哎呀，太难了！**
Āiyā　　tài nán le
아이야　　타이 난 러

B **别着急，慢慢来。**
Bié zháojí　　màn màn lái
비에 자오지　　만 만 라이

A **什么时候才能做好啊？**
Shénme shíhou cái néng zuò hǎo a
션머 스허우 차이 넝 쭈어 하오 아

B **再坚持一下就行了。**
Zài jiānchí yí xià jiù xíng le
짜이 찌엔츠 이 시아 찌우 싱 러

　　A : 이런, 너무 어려워요.

　　B : 기운을 내세요.

　　A : 언제쯤 되면 다 끝낼 수 있을까요?

　　B : 조금만 더 하면 될 거예요.

◆ 잘 하세요!

好好儿干吧!
Hǎohāor gàn ba
하오하오얼 깐 바

◆ 최선을 다 하세요!

拿出干劲儿来!
Ná chū gànjìnr lái
나 추 깐찔 라이

*干劲儿 의욕, 열성

◆ 더 힘을 내세요!

再加把劲儿吧!
Zài jiā bǎ jìnr ba
짜이 찌아 바 찔 바

◆ 사흘 후면 시험이에요, 힘을 내요!

再过三天就考试了，加油!
Zài guò sān tiān jiù kǎoshì le   jiāyóu
짜이 꾸어 싼 티엔 찌우 카오스 러   찌아여우

◆ 이 정도 일은 아무 것도 아니에요.

这么点儿事，算得了什么。
Zhème diǎnr shi   suàn de liǎo shénme
쩌머 디알 스   쑤안 더 리아오 션머

◆ 괜찮아요, 다시 하면 돼요!

没关系，重新再做吧!
Méi guānxi   chóngxīn zài zuò ba
메이 꾸안시   총신 짜이 쭈어 바

*重新 새로이, 처음부터

55 상대가 내 일을 대신 해주었을 때

麻烦你了。
Máfan nǐ le
수고하셨어요.

A 你要的东西我给你买来了。
Nǐ yào de dōngxi wǒ gěi nǐ mǎilai le
니 야오 더 뚱시 워 게이 니 마이라이 러

B 太谢谢你了。
Tài xièxie nǐ le
타이 시에시에 니 러

A 那，我走了。
Nà wǒ zǒu le
나   워 저우 러

B 麻烦你了。
Máfan ni le
마판 니 러

A : 당신이 부탁하신 물건 사왔어요.
B : 정말 고맙습니다.
A : 그럼, 전 가볼게요.
B : 번거롭게 해서 죄송해요.

◆ 당신을 번거롭게 했군요.

给您添麻烦了。
Gěi nín tiān máfan le
게이 닌 티엔 마판 러

◆ 당신을 힘들게 했어요.

让你劳累了。
Ràng nǐ láolèi le
랑 니 라오레이 러

◆ 수고하셨어요.

辛苦了。
Xīnku le
신쿠 러

◆ 도와주셔서 고맙습니다.

谢谢您的帮助。
Xièxie nín de bāng zhù
시에시에 닌 더 빵 쭈

◆ 제게 큰 도움을 주셨어요.

你帮了我大忙。
Nǐ bāng le wǒ dà máng
니 빵 러 워 따 망

◆ 번거롭게 해서 정말 죄송해요.

太劳烦你了，真不好意思。
Tài láofán nǐ le   zhēn bùhǎoyìsi
타이 라오판 니 러 쩐 뿌하오이쓰

56 칭찬을 받았을 때

哪里，哪里，过奖了。
Nǎli nǎli guòjiǎng le
아니에요, 과찬이세요.

A 你的汉语讲得太好了！
   Nǐ de Hànyǔ jiǎng de tài hǎo le
   니 더 한위 지앙 더 타이 하오 러

B 哪里，哪里，还差得很远呢。
   Nǎli   nǎli   hái chà de hěn yuǎn ne
   나리   나리   하이 차 더 흐언 위엔 너

A 真的，跟中国人差不多。
   Zhēnde gēn Zhōngguórén chà bu duō
   쩐더   끄언 쫑구어런 차 부 뚜어

B 你太过奖了。
   Nǐ tài guòjiǎng le
   니 타이 꾸어지앙 러

   A : 당신 중국어 실력 정말 대단하군요!
   B : 아니에요, 아직 많이 모자란걸요.
   A : 정말요, 꼭 중국인 같아요.
   B : 과찬이세요.

◆ 과찬이십니다.

过奖, 过奖。
Guòjiǎng guòjiǎng
꾸어지앙 꾸어지앙

◆ 정말요? 감사합니다!

真的吗？谢谢！
Zhēnde ma　　Xièxie
쩐더 마　　시에시에

◆ 당신의 칭찬을 들으니 기쁩니다.

得到你的夸奖, 真高兴。
Dédao nǐ de kuājiǎng　　zhēn gāoxìng
더다오 니 더 쿠아지앙　　쩐 까오싱

◆ 칭찬해 주셔서 정말 영광입니다.

得到你的赞扬, 我很荣幸。
Dédao nǐ de zànyáng　　wǒ hěn róngxìng
더다오 니 더 짠양　　워 흐언 롱싱

◆ 그렇게 절 띄어주시다니, 몸 둘 바를 모르겠어요.

那样夸奖我, 实在不好意思。
Nàyàng kuājiǎng wo　　shízai bù hǎo yìsi
나양 쿠아지앙 워　　스짜이 뿌 하오 이스

◆ 아니요! 정말 과찬이십니다.

不！你过奖了。
Bù　　Nǐ guòjiǎng le
뿌　　니 꾸어지앙 러

57. 물건을 전해달라고 할 때

劳驾您，把那个递给我。
Láojià nín bǎ nà ge dì gěi wǒ
그것 좀 제게 주세요.

A 这道菜味道淡了一点儿。
Zhè dào cài wèidao dàn le yì diǎnr
쩌 따오 차이 웨이다오 딴 러 이 디알

B 加一点酱油吧。
Jiā yì diǎn jiàngyóu ba
찌아 이 디엔 찌양여우 바

A 那，麻烦你递给我。
Nà máfan nǐ dì gěi wǒ
나 마판 니 띠 게이 워

B 好，给你。
Hǎo gěi nǐ
하오 게이 니

A : 이 요리는 맛이 싱겁군요.
B : 간장을 좀 쳐보세요.
A : 그럼, 좀 주실래요?
B : 네, 여기요.

◆ 죄송하지만 후추 좀 제게 주세요.

对不起，请把胡椒递给我。
Duì bu qǐ　　qǐng bǎ hújiāo dì gěi wǒ
뚜에이 부 치　칭 바 후찌아오 띠 게이 워

* 중국어 문장의 기본 어순은 '주어 + 동사 + 목적어'이다. 그러나 把를 문장에 삽입하면 '주어 + 把 + 목적어 + 동사' 이렇게 목적어와 동사의 위치가 바뀐다. 把를 문장에 사용하는 이유는 동작 행위의 대상에 초점을 두고 그 처리 결과를 강조하기 위함이다.

◆ 죄송하지만 간장 좀 주시겠어요?

请您替我拿一下酱油。
Qǐng nín tì wǒ ná yí xià jiàngyóu
칭 닌 티 워 나 이 시아 찌양여우

◆ 거기 술 좀 주세요.

麻烦你，把那瓶酒传给我。
Máfan nǐ　　bǎ nà píng jiǔ chuán gěi wo
마판 니　　바 나 핑 지우 추안 게이 워

◆ 이쑤시개 좀 건네주시겠어요?

请递给我牙签，好吗？
Qǐng dì gěi wǒ yáqiān　　hǎo ma
칭 띠 게이 워 야치엔　　하오 마

◆ 그 요리가 부족하네요, 이쪽으로 좀 건네주시겠어요?

这盘菜不够了，麻烦你帮我把那边儿的传给我。
Zhè páncài bú gòu　　máfan nǐ bāng wǒ bǎ nàbiānr de chuán gěi wǒ
쩌 판차이 부 꺼우　　마판 니 빵 워 바 나비알 더 추안 게이 워

◆ 죄송하지만 거기 생수 좀 건네주세요.

请您帮我把那瓶矿泉水传给我。
Qǐng nín bāng wǒ bǎ nà píng kuàngquánshuǐ chuán gěi wǒ
칭 닌 빵 워 바 나 핑 쿠앙취엔수에이 추안 게이 워

58 물건을 빌릴 때

借用一下可以吗?
Jièyòng yí xià kěyǐ ma
빌려주세요.

A 你能借给我一本汉语口语书吗?
Nǐ néng jiè gěi wǒ yì běn Hànyǔ kǒuyǔ shū ma
니 넝 찌에 게이 워 이 번 한위 커우위 수 마

B 可以啊，你要干什么?
Kěyǐ a　　　 nǐ yào gàn shénme
크어이 아　　 니 야오 깐 션머

A 我要去中国旅游。
Wǒ yào qù Zhōngguó lǚyóu
워 야오 취 쭝구어 뤼여우

B 那，借你这本汉语口语书吧。
Nà　　 jiè nǐ zhè běn Hànyǔ kǒuyǔ shū ba
나　　 찌에 니 쩌 번 한위 커우위 수 바

A : 중국어 회화 책 좀 빌려주시겠어요?

B : 그럼요, 뭐하시게요?

A : 중국에 여행 가려고요.

B : 그럼 이 중국어 회화 책을 빌려드릴게요.

◆ 펜 좀 빌려주시겠어요?

请借用一下笔，好吗？
Qǐng jièyòng yí xià bǐ　hǎo ma
칭 찌에용 이 시아 비　하오 마

◆ 제게 10위안만 좀 빌려주세요.

你能借我10块钱吗？
Nǐ néng jiè wǒ shí kuài qián ma
니 넝 찌에 워 스 쿠아이 치엔 마

◆ 전화 좀 쓸 수 있을까요?

我可以用一下这个电话吗？
Wǒ kěyǐ yòng yí xià zhè ge diànhuà ma
워 크어이 용 이 시아 쩌 거 띠엔후아 마

◆ 화장실 좀 써도 되겠습니까?

我能借用一下洗手间吗？
Wǒ néng jièyòng yí xià xǐshǒujiān ma
워 넝 찌에용 이 시아 시셔우찌엔 마

◆ 회의실을 빌리고 싶은데, 괜찮을까요?

我想借用一下会议室，可以吗？
Wǒ xiǎng jièyòng yí xià huìyìshì　kěyǐ ma
워 시앙 찌에용 이 시아 후에이스　크어이 마

◆ 제가 컴퓨터 좀 써도 될까요?

请问，我可以用你的电脑吗？
Qǐngwèn　wǒ kěyǐ yòng nǐ de diànnǎo ma
칭 원　워 크어이 용 니 더 띠엔나오 마

59 참석해도 되는지 물을 때

A 你去哪儿?
   Nǐ qù nǎr
   니 취 나알

B 我要去看电影。
   Wǒ yào qù kàn diànyǐng
   워 야오 취 칸 띠엔잉

A 我可以一块儿去吗?
   Wǒ kěyǐ yíkuàir qù ma
   워 크어이 이콰알 취 마

B 当然可以, 一起去吧。
   Dāngrán kěyǐ   yìqǐ qù ba
   땅란 크어이   이치 취 바

A : 어디 가세요?

B : 영화 보러 가려고요.

A : 저도 함께 가도 될까요?

B : 물론이죠, 함께 가요.

♦ 제가 함께 가도 될까요?

我陪你去，好吗？
Wǒ péi nǐ qù　　hǎo ma
워 페이 니 취　　하오 마

♦ 당신을 따라가도 되겠습니까?

我跟着你去，可以吗？
Wǒ gēn zhe nǐ qù　　kěyǐ ma
워 끄언 저 니 취　　크어이 마

♦ 저를 데려가 주시겠어요?

你能带我去吗？
Nǐ néng dài wǒ qù ma
니 넝 따이 워 취 마

♦ 당신이 괜찮다면 저도 함께 가고 싶어요.

如果你方便，我也想一起去。
Rúguǒ nǐ fāngbiàn　　wǒ yě xiǎng yìqǐ qù
루구어 니 팡삐엔　　워 이에 시앙 이치 취

♦ 괜찮으시다면 저도 당신과 가고 싶어요.

如果不介意，我想跟你一起去。
Rúguǒ bú jièyì　　wǒ xiǎng gēn nǐ yìqǐ qù
루구어 부 찌에이　　워 시앙 끄언 니 이치 취

♦ 괜찮으시다면 파티에 참석하고 싶습니다.

如果不介意，我想参加晚会。
Rúguǒ bú jièyì　　wǒ xiǎng cānjiā wǎnhuì
루구어 부 찌에이　　워 시앙 찬찌아 완후에이

60 기다리라고 말할 때

请等一下。
Qǐng děng yí xià
잠시만 기다리세요.

A 你哥哥在家吗?
   Nǐ gēge zài jiā ma
   니 끄어거 짜이 찌아 마

B 出去买东西了。
   Chūqu mǎi dōngxi le
   추취 마이 똥시 러

A 他什么时候回来?
   Tā shénme shíhou huílai
   타 션머 스허우 후에이라이

B 快回来了。您先坐一会儿。
   Kuài huílai le   Nín xiān zuò yí huìr
   쿠아이 후에이라이 러 닌 시엔 쭈어 이 후얼

A : 당신 오빠 집에 있나요?
B : 뭣 좀 사러 나갔어요.
A : 언제 돌아오는데요?
B : 금방요, 앉아서 기다리세요.

◆ 저기 앉아서 기다리세요.

请坐在那儿等一下。
Qǐng zuò zài nàr děng yí xià
칭 쭈어 짜이 나알 덩 이 시아

◆ 기다리세요, 금방 올게요.

你等一下，我马上就来。
Nǐ děng yí xià　　wǒ mǎshàng jiù lái
니 덩 이 시아　　워 마샹 찌우 라이

◆ 기다리세요, 일이 좀 있어서요.

你等一下，我去办点儿事。
Nǐ děng yí xià　　wǒ qù bàn diǎnr shì
니 덩 이 시아　　워 취 빤 디알 스

◆ 전화 걸 데가 있어요, 잠시 기다리세요.

我打一个电话，请你等一会儿。
Wǒ dǎ yí ge diànhuà　　qǐng nǐ děng yí huìr
워 다 이 거 띠엔후아　　칭 니 덩 이 후얼

◆ 5분만요, 거기서 기다려주세요.

请你在那儿等我5分钟。
Qǐng nǐ zài nàr děng wǒ wǔ fēn zhōng
칭 니 짜이 나알 덩 워 우 펀 쫑

◆ 잠시만 기다리세요, 곧 됩니다.

请稍等，马上就来。
Qǐng shāo děng　mǎshàng jiù lái
칭 샤오 덩　　마샹 찌우 라이

61 상의할 일이 있을 때

想跟你商量商量。
Xiǎng gēn nǐ shāngliang shāngliang
당신과 상의할 일이 있어요.

A 你现在有时间吗?
Nǐ xiànzài yǒu shíjiān ma
니 시엔짜이 여우 스찌엔 마

B 有时间。什么事啊?
Yǒu shíjiān　　Shénme shì a
여우 스찌엔　　션머 스 아

A 有点儿事想跟你商量商量。
Yǒu diǎnr shì xiǎng gēn nǐ shāngliang shāngliang
여우 디알 스 시앙 끄언 니 샹리앙 샹리앙

B 那就请你说吧。
Nà jiù qǐng nǐ shuō ba
나 찌우 칭 니 수어 바

A : 지금 시간 있으세요?

B : 있어요. 무슨 일이신데요?

A : 당신과 상의할 일이 좀 있습니다.

B : 그럼 얼마든지 이야기하세요.

◆ 당신과 할 이야기가 있어요.

我想找你谈点儿事。
Wǒ xiǎng zhǎo nǐ tán diǎnr shì
워 시앙 자오 니 탄 디알 스

◆ 제게 한 수 좀 가르쳐주세요.

我想请教请教您。
Wǒ xiǎng qǐngjiao qǐngjiao nín
워 시앙 칭지아오 칭지아오 닌

◆ 당신과 의견을 좀 나누고 싶습니다.

我想跟你交换一下意见。
Wǒ xiǎng gēn nǐ jiāohuàn yí xià yìjiàn
워 시앙 끄언 니 찌아오후안 이 시아 이찌엔

◆ 제게 좋은 아이디어 좀 알려주세요.

我想请你给我出一点主意。
Wǒ xiǎng qǐng nǐ gěi wǒ chū yì diǎn zhǔyi
워 시앙 칭 니 게이 워 추 이 디엔 주이

◆ 당신의 고견을 듣고 싶습니다.

我想听听您的高见。
Wǒ xiǎng tīng ting nǐ de gāojiàn
워 시앙 팅 팅 니 더 까오찌엔

◆ 시간 있으세요? 당신과 상의할 일이 있어요.

你有空吗？我想跟你商量点儿事。
Nǐ yǒu kòng ma　Wǒ xiǎng gēn nǐ shāngliáng diǎnr shì
니 여우 콩 마　워 시앙 끄언 닌 샹리앙 디알 스

62 상대에게 부탁할 때

A 我想拜托你一件事。
Wǒ xiǎng bàituō nǐ yí jiàn shì
워 시앙 빠이투어 니 이 찌엔 스

B 什么事啊?
Shénme shì a
션머 스 아

A 这件事有点儿不好开口。
Zhè jiàn shì yǒu diǎnr bù hǎo kāikǒu
쩌 찌엔 스 여우 디알 뿌 하오 카이커우

B 没关系，尽管说吧。
Méi guānxi   jǐnguǎn shuō ba
메이 꾸안시   진구안 수어 바

A : 당신에게 부탁할 일이 있어요.

B : 무슨 일인데요?

A : 말하기 좀 곤란한 일이에요.

B : 괜찮아요, 어서 말해보세요.

◆ 당신께 부탁할 일이 있어요.

有件事想拜托你。
Yǒu jiàn shì xiǎng bàituō nǐ
여우 찌엔 스 시앙 빠이투어 니

◆ 당신의 도움이 필요해요.

有件事想请你帮忙。
Yǒu jiàn shì xiǎng qǐng nǐ bāngmáng
여우 찌엔 스 시앙 칭 니 빵망

◆ 당신께 어려운 부탁이 있어요.

有件事想麻烦你一下。
Yǒu jiàn shì xiǎng máfan nǐ yí xià
여우 찌엔 스 시앙 마판 니 이 시아

◆ 당신과 상의할 일이 있어요.

有件事想跟你商量商量。
Yǒu jiàn shì xiǎng gēn nǐ shāngliang shāngliang
여우 찌엔 스 시앙 끄언 니 샹리앙 샹리앙

◆ 회사 업무에 관해 당신 도움이 필요해요.

有一点关于公司业务的事，想请你帮忙。
Yǒu yì diǎn guānyú gōngsī yèwù de shì   xiǎng qǐng nǐ bāngmáng
여우 이 디엔 꾸안위 꽁쓰 이에우 더 스   시앙 칭 니 빵망

◆ 당신의 의견을 좀 구하고 싶습니다.

有件事想征求你的意见。
Yǒu jiàn shì xiǎng zhēngqiú nǐ de yìjiàn
여우 찌엔 스 시앙 쩡치우 니 더 이찌엔

63 부탁을 해야 할 때

请你关照。
Qǐng nǐ guānzhào
잘 부탁드립니다.

A 没有空房间了。
   Méi yǒu kòng fángjiān le
   메이 여우 콩 팡찌엔 러

B 那怎么办呢?
   Nà zěnme bàn ne
   나 전머 빤 너

A 真的没有了。
   Zhēnde méi yǒu le
   쩐더 메이 여우 러

B 能不能给我想想办法?
   Néng bu néng gěi wǒ xiǎng xiang bànfǎ
   넝 부 넝 게이 워 시앙 시앙 빤파

   A : 빈 방이 없습니다.
   B : 그럼 어떡하죠?
   A : 정말 없어요.
   B : 다른 방법이 좀 없을까요?

◆ 도와주십시오.

请你帮帮忙吧。
Qǐng nǐ bāng bang máng ba
칭 니 빵 방 망 바

◆ 이 일은 다시 한 번 생각해주세요.

这件事，你再考虑考虑吧。
Zhè jiàn shì　　nǐ zài kǎolǜ kǎolǜ ba
쩌 찌엔 스　　니 짜이 카오뤼 카오뤼 바

◆ 다른 방법이 없습니까?

还有没有什么办法？
Hái yǒu méi yǒu shénme bànfǎ
하이 여우 메이 여우 션머 빤파

◆ 달리 무슨 방법이 없을까요?

能不能给我想想办法？
Néng bu néng gěi wǒ xiǎng xiang bànfǎ
넝 부 넝 게이 워 시앙 시앙 빤파

◆ 제발 좀 해결해주세요.

请你帮助解决一下吧。
Qǐng nǐ bāngzhù jiějué yíxià ba
칭 니 빵쭈 지에쥐에 이시아 바

◆ 잘 부탁드리겠습니다.

请多多关照。
Qǐng duō duo guānzhào
칭 뚜어 두어 꾸안짜오

247

64. 상대방의 의견을 구할 때

> 我想听听你的意见。
> Wǒ xiǎng tīng ting nǐ de yìjiàn
> 당신의 의견은 어떠세요?

A 请给我们提提意见吧。
Qǐng gěi wǒmen tí ti yìjiàn ba
칭 게이 워먼 티 티 이찌엔 바

B 我没有什么意见。
Wǒ méi yǒu shénme yìjiàn
워 메이 여우 션머 이찌엔

A 请不要客气，什么意见都行。
Qǐng bú yào kèqi   shénme yìjiàn dōu xíng
칭 부 야오 크어치   션머 이찌엔 떠우 싱

B 好，那我提一个建议吧。
Hǎo   nà wǒ tí yí ge jiànyì ba
하오   나 워 티 이 거 찌엔이 바

A : 저희에게 의견을 제시해 주세요.
B : 별다른 의견은 없습니다.
A : 그러지 마시고, 어떤 의견이든 좋습니다.
B : 그렇다면 제안이 하나 있습니다.

◆ 당신이 보기에 어떤가요?

你看怎么样？
Nǐ kàn zěnmeyàng
니 칸 전머양

◆ 괜찮을까요?

你看行吗？
Nǐ kàn xíng ma
니 칸 싱 마

◆ 이 문제에 대해 어떻게 생각하세요?

对这个问题您有什么看法？
Duì zhè ge wèntí nín yǒu shénme kànfǎ
뚜에이 쩌 거 원티 닌 여우 션머 칸파

◆ 어떤 일이든지 모두 말해보세요!

不管什么事，你尽量说吧！
Bùguǎn shénme shì　　nǐ jìnliàng shuō ba
뿌관 션머 스　　니 찐리앙 수어 바

* 尽量 최대한도로, 마음껏

◆ 이 일에 대해 어떻게 생각하시나요?

你对这件事有什么看法？
Nǐ duì zhè jiàn shì yǒu shénme kànfǎ
니 뚜에이 쩌 찌엔 스 여우 션머 칸파

◆ 어떠십니까? 이렇게 해도 될까요?

你看怎么样？这样做行吗？
Nǐ kàn zěnmeyàng　　Zhèyàng zuò xíng ma
니 칸 전머양　　쩌양 쭈어 싱 마

65 부탁을 들어줄 때

好，交给我吧。
Hǎo jiāo gěi wǒ ba
제게 맡겨주세요.

A 我想拜托你一件事。
   Wǒ xiǎng bàituō nǐ yí jiàn shì
   워 시앙 빠이투어 니 이 찌엔 스

B 什么事？你说吧。
   Shénme shì　nǐ shuō ba
   션머 스　　니 수어 바

A 请你把这个交给李老师。
   Qǐng nǐ bǎ zhè ge jiāo gěi Lǐ lǎoshī
   칭 니 바 쩌 거 찌아오 게이 리 라오스

B 好的。我一定帮你转交给他。
   Hǎo de　Wǒ yídìng bāng nǐ zhuǎnjiāo gěi tā
   하오 더　워 이띵 빵 니 주안찌아오 게이 타

A : 당신에게 부탁이 하나 있어요.
B : 무슨 일이죠? 말씀해보세요.
A : 이것 좀 이 선생님께 전해주세요.
B : 그러죠, 제가 꼭 전해드리겠습니다.

◆ 좋아요, 제가 처리하죠.

行，这件事我来办吧。
Xíng zhè jiàn shì wǒ lái bàn ba
싱　　쩌 찌엔 스 워 라이 빤 바

◆ 물론입니다.

当然可以。
Dāngrán kěyǐ
땅란 크어이

◆ 걱정하지 마세요.

您放心好了。
Nín fàngxīn hǎo le
닌 팡신 하오 러

◆ 문제없어요, 제가 처리해드리죠.

没问题，我一定给你办。
Méi wèntí　　wǒ yídìng gěi nǐ bàn
메이 원티　　워 이띵 게이 니 빤

◆ 잘 할 수 있을지 모르겠네요, 한번 해보죠.

不知道能不能做好，我试试看吧。
Bù zhīdao néng bu néng zuò hǎo　wǒ shì shi kàn ba
뿌 쯔다오 넝 부 넝 쭈어 하오　　워 스 스 칸 바

◆ 걱정 마세요, 이 일은 제게 맡기세요.

您放心，这件事交给我吧。
Nín fàngxīn　zhè jiàn shì jiāo gěi wǒ ba
닌 팡신　　쩌 찌엔 스 찌아오 게이 워 바

66 부탁을 거절할 때

对不起，这我做不到。
Duì bu qǐ　zhè wǒ zuò bu dào
미안하지만, 어려울 것 같습니다.

A　请帮帮忙吧。
　　Qǐng bāng bang máng ba
　　칭 빵 방 망 바

B　对不起，这我很难办。
　　Duì bu qǐ　　zhè wǒ hěn nán bàn
　　뚜에이 부 치　　쩌 워 흐언 난 빤

A　请你想想办法吧。
　　Qǐng nǐ xiǎng xiang bànfa ba
　　칭 니 시앙 시앙 빤파 바.

B　我实在是无能为力啊。
　　Wǒ shízài shì wúnéngwéilì a
　　워 스짜이 스 우넝웨이리 아.

　A : 좀 도와주세요.
　B : 죄송하지만 전 어려울 것 같아요.
　A : 방법을 좀 강구해주세요.
　B : 제게는 역부족이네요.

◆ 죄송합니다. 바빠서 갈 시간이 없어요.

对不起，我现在很忙，没时间去。
Duì bu qǐ　　wǒ xiànzài hěn máng　méi shíjiān qù
뚜에이 부 치　　워 시엔짜이 흐언 망　　메이 스찌엔 취

◆ 도움을 못 드리겠습니다.

这个忙我帮不了。
Zhè ge máng wǒ bāng bu liǎo
쩌 거 망 워 빵 부 리아오

◆ 죄송합니다. 당신의 요구를 들어줄 수가 없어요.

对不起，我不能满足你的要求。
Duì bu qǐ　　wǒ bù néng mǎnzú nǐ de yāoqiú
뚜에이 부 치　　워 뿌 넝 만주 니 더 야오치우

◆ 자신이 없어요. 확답을 못 드리겠네요.

我没有把握，难以答应。
Wǒ méi yǒu bǎwò　　nányǐ dāying
워 메이 여우 바워　　난이 따잉

＊把握 자신, 성공의 가능성

◆ 그 일은 못하겠습니다.

那种事我做不了。
Nà zhǒng shì wǒ zuò bu liǎo
나 종 스 워 쭈어 부 리아오

◆ 죄송합니다만, 자신이 없습니다.

真不好意思，我没有把握。
Zhēn bùhǎoyìsi　　wǒ méi yǒu bǎwò
쩐 뿌하오이쓰　　워 메이 여우 바워